天下文化
BELIEVE IN READING

BGB313A 社會人文

百年仰望

20位名人心目中的民國人物

回首民國百年的軌跡，「時代人物」分立在不同的時間點上，
妝點了時代的容顏，也開啟了現代中國的一頁。
透過對「時代人物」回憶與描摹，我們見證歷史，並展望未來。

主編——張作錦、高希均、王力行

目錄

第三部 開創人文、科學、宗教

第四部 拓展台灣經濟與社會

序 願記憶與歷史同步前進

張作錦（遠見・天下文化事業群顧問）
高希均（遠見・天下文化事業群董事長）
王力行（遠見・天下文化事業群發行人）

十九世紀英國文壇巨擘托馬斯・卡萊爾在一八四〇年作了六次演講，他開宗明義說：

我在這裡談談偉人，有關他們在世界事務中出現時的風采，他們如何在世界歷史中塑造自己，人們對他們有何想法，以及他們做出何種功績。

這些演講後來集結成一本書《論英雄及英雄崇拜》，百餘年後仍是經典名著。

近世的美國作家羅伯・唐斯與卡萊爾遙相呼應，他在《巨人及其思想》這本書中指出：

在每一個歷史時代，我們都可以找到證明偉大人物及其思想力量強大的證據，沒有他們就不可能有高度的現代文明和文化。

這些人物，這些議論，不僅在西方，中國同樣也有。梁啟超因「戊戌政變」事敗遠走海外十餘年，於一九一二年秋天返國。胡適在日記中寫道：

閱《時報》，知梁任公歸國，京津人士都歡迎之，讀之深嘆公道之尚在人心也。梁任公為吾國革命第一大功臣，其功在革新吾國之思想界。十五年來，吾國人士所以稍知民族思想主義及世界大勢者，皆梁任公之賜。……去年武漢革命，所以能一舉而全國響應者，民族思想政治思想入人已深，故勢如破竹耳。使無梁氏之筆，……豈能成功如此之速耶！

今年適逢辛亥革命一百年，我們重讀胡適對梁啟超的評價，尤覺意義深長，而且感慨殊多。

百年來的民國，飽嘗憂患，歷經艱險，失敗過，屈辱過；但是也曾有奮鬥的激情，有成功的喜悅。回頭細數這些印記，都一一刻在國人心底：

——辛亥革命，烈士們的頭顱與熱血，換來了亞洲第一個民主共和國；

——度過了建國初期的逆流與險灘，結束軍閥割據，國家完成初步統一；

——但日本不容中國站穩腳步，就發動了長達八年的侵略戰爭，中國人民生命傷亡之巨和財產損失之重，世界史上少見；

——抗日雖然勝利，內戰繼之而起，中華民國政府倉皇遷台，幾至覆亡；

——所幸朝野勵精圖治，不僅使台灣屹立不搖，且創造了經濟奇蹟，也完成民主轉型、政黨輪替，並充分發揮了文化創造力。

無庸諱言，慶祝百歲華誕的民國，在外交上仍有局限，在內部也有族群意識等問題，但大體上說，以台灣為基地的中華民國，安和樂利，欣欣向榮，無負於革命先烈和時賢的犧牲奮鬥，也正努力踐履他們當年對國民所作的承諾。

國父孫中山先生在遺囑中叮嚀：革命尚未成功，同志仍須努力。此處的「革命」，應不僅指推翻滿清、建立民國，而有「革故鼎新」之意，亦即要不斷追求國家的進步與富強。而此處的「同志」，亦非僅意在國民黨人，而是泛指信仰和支持民族、民權和民生主義之全體國人。是則，參與辛亥起義的黃興和宋教仁固然是「同志」，推動民主思想的蔡元培和胡適也是「同志」；在科學和藝術上成就卓著的吳大猷與張大千，以及在台灣戮力經濟建設以強國富民的孫運璿和李國鼎，一樣也都是「同志」。有了這些人的努力，中山先生「其目的在求中國之自由平等」的理想，才有逐步實現之可能。

民國百年，我們感念這些「同志」們，心中興起無限的景仰與感懷，特別編輯《百年仰望——20位名人心目中的民國人物》這本書，一方面向他們致敬，一方面也藉他們的言傳身教，給後人一些啟發與指引，讓我們站在巨人的肩膀上，對未來的前路能看得更清楚，因而走得更穩健。

百年來先烈時賢的英雄榜，別說二十位，就是兩百位、兩千位也不能盡數。我們這次邀請二十位學者專家，請他們分別寫一位他們心目中的民國人物，俾能各自彰顯這些人物的功業與代表性。這樣的一本書，自然有它的不足之處，第一、名額不夠充分；第二、領域不夠寬廣。但如前面所說，除非我們編輯數十巨冊《百年民國名人傳》，否則這類遺憾一定無法避免。

所以，我們雖僅標舉二十位先烈時賢，實則是向所有曾為民國戮力獻身的先行者致欽敬和感謝之意，他們的大名不一定要在本書中，甚至不必在任何一本書中。

最後我們還想說的是：今天，我們回憶先人為我們所做過的事；但我們留下了些什麼，供明天的人回憶我們？

願記憶與歷史同步前進。

第一部

邁向現代

嚴復

連雅堂

陳垣

王雲五

胡適

傅斯年

李方桂

第一章

開民國西方之智、會通中西之慧——

嚴復

嚴復／達志影像提供

文｜黃克武｜中央研究院近代史研究所特聘研究員

黃克武提供

「會通」二字，正是嚴復一生思想的核心。他結合了中學與西學、傳統與現代，以及科學、宗教與倫理等。一生均以典雅的桐城古文翻譯西方新知，討論古今學問，充分展現其會通中西的思想特徵。

嚴復，福建侯官人。一八五四年（清咸豐四年）一月八日生於福州府侯官縣南台區蒼霞洲。此地位於福州城牆南邊、閩江北部，是一個熱鬧的沿海港口，有著繁榮的國際貿易與多樣的文化活動，此種環境對於嚴復在成長過程中的視野開拓實有相當助益。他的祖父嚴秉符與父親嚴振先為當地名醫，熟悉儒道經典與醫道，但並無科舉功名。因此，嚴氏家族在福州是屬於中下層的地方菁英階層。

五歲時，嚴復開始跟隨家人與數位老師讀書，背誦《大學》、《中庸》等儒家經典。九歲時，其父聘請當地著名學者黃宗彝來擔任啟蒙教師。一八六五年黃宗彝過世，嚴復又繼續跟隨其子黃孟修（增）學習。在黃氏父子先後教導之下，嚴復研習傳統典籍，此時儒家的倫理價值，尤其是以「孝」為核心的家庭倫理在內心生根。同時，也開始喜好書法與詩詞歌賦。後來，寫字與吟詩作詞成為他一生的嗜好，並留下不少墨跡。

少年早成

十二歲時，嚴復與一位王姓女子成親。婚後數月，其父不幸罹患霍亂去世，家中頓失經濟支柱。在經濟困窘的情況下，無力支付家庭教師的束脩而被迫放棄科舉事業，轉而投考由福州船政局初辦的船政學堂。這所新式學校是由船政大臣沈葆楨在法人日意格（Prosper Marie Giquel）的協助下創辦的西式軍事學堂，旨在訓練學生習得造船與駕駛的技術，屬於自強新政中模仿西法的一部分。嚴復參加了該校於一八六六年所舉行，包括口試、筆試與體能測驗的第一次入學考試。其中，筆試作文題目出自《孟子》「萬章篇」的〈大孝終身慕父母論〉，當時甫逢父喪的嚴復對此一題目深有感觸，因而能暢論內心情感，終以第一名獲得錄取。

次年初，他與其他百餘位學生在福州城內定光寺上課，在誦經聲中開始學習ABC，並修習算術、幾何、物理、化學、機械等航海必修課程。該校雖以西學為主，但同時也強調中學。因此，學生必須以部分時間來學習古文，並研讀《孝經》與《聖諭廣訓》等教材。對這些學生來說，他們並不感覺到中、西學之間的矛盾，嚴復後來會通中西的理念亦應植根於此。不過從此時到他自英國返國期間，嚴復學習的重心始終擺在西學方面。一八七一年五月，十七歲的嚴復從該校畢業。其後六年，則分別在建威與揚武兩艘軍艦上實習，並曾赴新加坡、日本與台灣等地。

他山之石開展視野

一八七七年，二十三歲的嚴復被選派至英國讀書，進入格林威治的皇家海軍學院展開兩年求學生涯。在校期間，嚴復主修海軍駕駛。上課內容包括數學、化學、物理、機械、航海與國際關係等。嚴復也在這時開始接觸西方社會、政治思想，如達爾文的演化論與斯賓塞、培根、赫胥黎、邊沁、孟德斯鳩、亞當斯密、穆勒等人的學說。同時，他也開始觀察英國社會，注意中西文化之間的差異。例如，他看到英國人因從小鍛鍊身體而較為強壯，這引發了他日後對於「民力」的提倡。再者，在觀察英國法庭制度之後，對英國法律執法的公正性留下深刻的印象。這些經驗讓他了解到中國政法制度的缺陷，並思索未來應努力的方向。

一八七九的夏天，二十五歲的嚴復返國，任教於母校福州船政學堂。為了標示一個新階段的開始，嚴復將名字由「宗光」改為復，字幾道。「復」來自《易經》，取其「復其見天地之心」，「幾道」則出自《老子》的「上善若水，水善利萬物而不爭，處眾人之所惡，故幾於道」，這也反映出嚴復儒家與道家的思想傾向。次年，在李鴻章的邀約下，赴天津北洋水師學堂任教。嚴復在北洋水師學堂由「洋文總教習」一職開始其教學生涯；至一八九一年升為道員（正四品），再於一八九三年底「委辦天津水師學堂」，此後他的頭銜成為「北洋水師學堂總辦道員嚴復」。

就在此一階段，嚴復也開始以翻譯作品與政治評論文章聞名於世。此時的他身體狀況不好、沾染鴉片惡習、科舉失利；人際關係方面，與直屬長官李鴻章關係欠佳、又欲前往南方投靠張之洞而未果。此種際遇與他個性並非圓融之人有關，郭嵩燾與曾紀澤曾批評他的性格鋒芒畢露，具有狂妄、驕傲之氣。這也很可能是他日後難以適應中國官場風氣的根本原因。

一八九七年嚴復和王修植、夏曾佑等在天津仿英國的《泰晤士報》，創辦《國聞報》和《國聞彙編》，宣傳變法維新，《天演論》的譯稿最早即曾在此刊物發表。然而，在戊戌變法中，除了在《國聞報》上呼籲改革之外，嚴復並未參與以康有為、梁啟超為首，以上海、北京為基地的政治活動。同時，在教書上他也並非那麼成功，無法感受到教學相長的樂趣。在人際關係上，嚴復難以忍受同僚之間的賄賂之風與結黨營私，對下屬亦不滿意。

在天津的二十年間，嚴復的仕途限於水師學堂，無法更上層樓而進入統治階層的核心，這與他缺乏科舉功名有直接的關係。因此嚴復捐了一個監生頭銜，從一八八五年開始四度參與科舉考試，但四次考試均名落孫山。科舉失利的經驗讓他對八股文感到反感。於是，一八九五年他在《直報》發表〈救亡決論〉，批評八股取士有三大弊病：錮智慧、壞心術、滋遊手，使天下無人才，無疑地與此落榜經驗有關。

以閱讀會通中西思想

然而，準備科舉考試對嚴復的個人成長並非全然負面。余英時曾指出一個「塞翁失馬」的現象。他認為嚴復從三十至四十歲之間為準備考試而閱讀經史典籍，是對於古典文字運用的一種有效訓練。嚴復在此十年間，有系統地沉浸於舉業之中，使他補足了自十五歲起便中斷的傳統教育，並在中國古典文化的一般修養已足與同時代的士大夫等量齊觀。

在準備科舉的同時，嚴復也持續接觸西學。一八八〇至一八八一年間他曾閱讀斯賓塞的著作，又透過像上海「別發書坊」（Kelly and Welsh Limited, Shanghai）等書店，購買不少西書，而使個人藏書多達數千冊。這顯示嚴復在天津時期，不但因為準備科舉而具備中國古典文化的修養，同時也更加系統地閱讀西方典籍，對西學有更深的認識。

一八九四至一八九五年的甲午戰敗，眼見多位舊識喪命疆場，對嚴復造成莫大衝擊。他領悟到中國的失敗不只是軍事的落後，並存在著更深一層有關政治、經濟、社會，以及思想方面的因素，因而覺悟必須師法西方，方能突破困境。戰爭期間，嚴復曾寫信給長子嚴璩，一面感歎「時勢岌岌，不堪措想」，另一面認為根本之計唯有通曉西方的學問，才能「治國明民」，達到「天地位焉，萬物育焉」。

戰後，他發表了四篇影響深遠的文章，分別是〈論世變之亟〉、〈原強〉、〈闢韓〉，與上述的〈救亡決論〉，各文均環繞著中西文化的對比，並探討中國積弱之緣由。除了批評中國的專制、八股取士、鴉片，與纏足等惡習外，他還受到斯賓塞的影響，提倡三項要政：「一曰鼓民力，二曰開民智，三曰新民德」。同時，他積極地翻譯西書，以從事開啟民智的重要工作。

譯介西方重要典籍

嚴復的第一個作品即是一八九五至一八九八年翻譯的《天演論》。嚴復首倡翻譯工作首重文字的信雅達，這也成為近代以來國人翻譯工作的典範。同時，《天演論》的出版造成轟動，成為當時人們喜愛閱讀，甚至背誦的一部經典。

許多人認為嚴復透過此書將達爾文「物競天擇，適者生存」的進化論思想或斯賓塞的「社會達爾文主義」介紹到中國，對中國近代社會變革起了重要的推動作用。這樣的解釋雖大致正確，卻忽略了嚴復透過翻譯在達爾文、赫胥黎、斯賓塞思想之間細緻的取捨，以及同一文本的原文與譯本，實處於截然不同的文化脈絡之中。赫胥黎的原書旨在批判達爾文與斯賓塞的觀點。赫胥黎認為，雖然自然界存在著弱肉強食的殘酷現實，但人類社會卻不可完全遵從「叢林法則」，而應依賴倫理原則「以使物不競為的」。這一辯論源於十九世紀末期英國思想史中，關於倫理力量與自然法則矛盾的論爭。

《天演論》在中國的傳譯焦點不在上述論爭，而在思索國人該如何應變、圖強的現實考量。嚴復同意斯賓塞所謂物競天擇適用於人類社會，但斯氏卻太過強調自然力量而不夠重視個人自由。他接受赫胥黎對斯賓塞的修正，以為人的能力雖源於天，個人的自由與努力則扮演著更重要的角色，可以突破自然限制，與天爭勝，進而創造新局，因此天人之間是相互衝突的。換言之，嚴復一方面同意自然有難以抗拒的力量，另一方面則發揮赫胥黎反對弱肉強食的叢林法則，肯定倫理原則，並進一步推演到認為「人治可以對抗天行」，最終得出「自強保種」的結論，並在二十世紀初引發舉國瘋狂的閱讀潮流。值得注意的是，嚴復上述的想法深受荀子「明於天人之分，制天命而用之」觀點之啟發。

一九〇〇年，義和團事件對嚴復的公私生活均有影響。列強的戰火摧毀了北洋水師學堂與他絕大部分的藏書，也迫使他離開生活近二十年的天津而避居上海。移居上海之後，嚴復在面臨事業上的逆境之餘，仍持續翻譯《穆勒名學》。他坦承：寫作思考是他的長處，處理商務則是他的弱點。此時的嚴復也開始享有聲名，在幾部重要的翻譯著作出版之後，他獲得了「西學第一人」的美名。一九〇〇至一九〇八年間，他在上海、天津等地演講，廣受歡迎，有些場合甚至聚集超過五百位聽眾。一九〇五至一九〇六年，他應上海基督教青年會之邀，做了八次演講，商務印書館將之出版，名為《政治講義》。該書主要依據倫敦麥克米倫（Macmillan）出版社於一八九六年出版的John Robert Seeley, *Introduction to Political Science*（《政治科學導論》），被認為是近代中國第一本介紹西方政治學的書籍。

一九〇〇年至一九一二年之間，他先後翻譯、出版了《原富》、《群己權界論》、《群學肄言》、《法意》、《社會通詮》、《名學淺說》、《穆勒名學》等西方重要的典籍。在晚清思想史上，這些書傾向所謂「資產階級改良派」，主張政治上的漸進改革，而與孫中山所主張的激烈革命主張分道揚鑣。

陷入政治生涯低潮

此外，從清末開始，嚴復即與袁世凱建立深厚的友誼。民初袁世凱順利成為總統之後，隨即任命嚴復為京師大學堂（五月改為北京大學）校長，月薪三百二十兩。嚴復擔任了八個月的校長。後來袁世凱又在一九一三年至一九一五年間分別任命他擔任總統府外交法律顧問、參政院參政，與憲法研究會與憲法起草委員會的委員。

嚴復與袁世凱的密切關係，以及他深信當時君主立憲要比民主共和更適合中國的主張，使他成為支持袁氏帝制的絕佳人選。後來在支持帝制的籌安會名單上，嚴復名列其上。這一舉動似乎事先並未得到嚴復本人的認可。他私下表示袁世凱只不過利用他的聲名牟取私利。他深信帝制並不實際，且會為中國帶來災難，然而他卻拒絕撰文反駁梁啟超撰寫為攻擊袁氏帝制的〈異哉所謂國體問題者〉一文。這顯示嚴復對袁氏稱帝的態度軟弱且搖擺不定。未能公開表明反袁立場，使他在袁氏帝制失敗之後飽受國人批評。

其後，中國進入軍閥混戰時期，嚴復的政治生涯也陷入最低潮。一九一六年七月，國會要求懲辦禍首及籌安會六君子。為避免遭到逮捕，嚴復從北京逃到天津，並停止所有活動，僅偶爾與友人通信，抨擊軍閥與激進主義者所導致的災難。他甚至批評民主共和制度，認為此時的中國應該採行申不害與商鞅的法家模式、或與之類似的日本和德國的模式來解救危亡。

晚年的嚴復十分肯定儒家傳統，對道家更是深感興趣，曾評點過老莊。他對道家思想的興趣又涉及了宗教經驗的看法。他曾勸孩子：「人生閱歷，實有許多不可純以科學通者，更不敢將幽冥之端，一概抹殺」，而相信在科學的範疇之外有一個超越而「不可知的」宗教領域。有時，他借用佛教觀念，將此一境界稱為「不可思議」。如同許多二十世紀中國哲學家所強調的，作為道德之基礎（包括嚴復所強調的儒家倫理，如「孝」）與痛苦之避難所的內在生活，必須奠基於某種形而上的本體論。如此方可避免陷入「最下乘法」、「一概不信」的物質主義（materialism）。

堅信「道通為一」

此外，嚴復雖提倡實證科學，但他不是一個極端的實證主義者、也不是科學主義者，他從赫胥黎所謂的「不可知論者」開始，進一步地以佛教「不可思議」的概念來掌握科學以外的世界。此種知識觀使他至晚年接受「靈魂不死」的觀念、相信鬼神的存在，並肯定靈學研究在探討未知世界的價值。這一種將自然、社會科學與源於中西傳統的宗教、哲學觀點結合在一起的主張，表現出嚴復思想的重要特點。從這個角度來看，我們絕不能簡單地認為嚴復在晚年完全放棄了早期宣揚的西方科學與民主的價值，而回歸中國傳統。

嚴復晚年思想雖有所變化，然無疑地仍然堅持建立富強、文明的現代中國，也肯定自由民主的終極價值。只是他更發現，此一目標的實現需要採漸進調適的方法，一方面需尊重中國的「國情」或「立國精神」，另一方面他也認識到西方在科學與民主的主流啟蒙傳統之外，有更複雜的知識傳承。嚴復樂觀地認為「道通為一」，中西文化中各種不同的思想取向可以會通在一起，並且堅信這將是未來中國應遵循的道路，也是歷史發展的必然走向。

一九二一年，中國仍處於軍閥混戰之中，六十九歲的嚴復因肺疾於秋季病逝於福州郎官巷。他的遺言是：

一、中國必不滅，舊法可損益，而必不可叛。

二、新知無盡，真理無窮，人生一世，宜勵業益知。

三、兩害相權，己輕群重。

他的一生貢獻在學術，不在政治。好友陳寶琛在為他撰寫的墓誌銘上說：

君於學無所不窺，舉中外治術學理，彌不究極原委，抉其得失，證明而會通之。

文中的「會通」二字，正是嚴復一生思想的核心。他結合了中學與西學、傳統與現代，以及科學、宗教與倫理等。一生均以典雅的桐城古文翻譯西方新知，討論古今學問，充分展現其會通中西的思想特徵。然而，嚴復的學術理想是具有政治意涵的，而表現出學術與政治一以貫之的精神。此一精神充分地表現在其家中懸掛的兩副對聯之上：一是「隨時縱論古今事，盡日放懷天地間」；一是「有王者興必來取法，雖聖人起不易吾言」。前者顯示出「縱論古今、放懷天地」的恢弘氣魄；後者則凸顯了學以致用、經世濟民的一貫目標，以及對自身理念的高度自信。

充滿衝突的一生

嚴復結合中西的努力和他的成長經歷密不可分。然而，身處中西文化接軌之關鍵時刻也讓嚴復一生充滿衝突與挫折，不斷拉扯於中國與西方、傳統與現代、理想與現實之際。嚴復深刻的感受到悲傷與苦痛乃是人生難以避免的經歷，故在遺囑中寫道：「做人分量，不易圓滿」。人生的智慧不在於能達到完美無缺的理想境地，而是在體認人生的不圓滿之餘更能有所超越。此外，嚴復恃才傲物的性格，在某些關鍵時刻卻又無法堅持原則，反因軟弱與搖擺而蒙受他人要脅利用，進而成為眾人不滿與批評的焦點，使其始終無法得意於政途。然而，正因嚴復於官場上的不得意，專心投身翻譯事業，反而能系統地引進西學，為近代中國學術思想開創一個嶄新的局面。

第二章

青山青史——連雅堂

連雅堂／連震東先生文教基金會提供

文｜林文月｜台灣大學中文系名譽教授

九歌出版社提供

辦報評論是連雅堂的職業，而修史存實則是他的志業。雅堂始終耿耿於懷的是「通史未就」之事，而他也時時刻刻，隨處隨地蒐集資料，一字一句地編纂著臺灣的歷史。民國七年（一九一八年）耗費心血的《臺灣通史》終於在「劍花室」書齋完成。這一年，連雅堂四十一歲。

一春舊夢散如煙，三月桃花撲酒船。
他日移家湖上住，青山青史各千年。

中華民國元年（一九一二年）春天，臺灣青年連雅堂在西湖之畔寫下這一首七言絕句，〈西湖遊罷以書報少雲並繫以詩〉，寄家書與詩給留在家鄉的妻子沈筱雲。

那年正值民國初建，連雅堂三十五歲。

連氏祖籍福建漳州府龍溪縣。

連雅堂的七世祖連興位生於明桂王永曆三十五年（一六八一年）。越二年，明朝亡。興位少遭此變難，胸中長懷隱遯之志，後遂攜家離開龍溪，渡海來臺，卜居於臺南寧南馬兵營。馬兵營是明鄭成功駐師的故址。連興位選擇以此故壘作為移居的處所，實表現了他與古人心同志合的驗證。他一生不仕清朝，死後入殮，全家用明服，表示生降死不降之志；並以此重為家規：「若入殮之時，男女皆用明服」，此規矩成為連氏族人所遵奉，直到雅堂的父親連得政故亡時皆然。

發願為臺灣立史

明鄭以來，臺南便是盛產蔗糖的地方。連氏一族既然不仕清朝，遂以製糖為業，糖廠的店號稱為「芳蘭」。

連得政有四男二女。長子為領養。幼子名重送（即連橫、雅堂），聰明伶俐，最為父親喜愛。連得政雖以製糖經商為業，但他好讀文史諸書，也頗重視子女的教育。馬兵營內為連氏族人所居，其後因各房子嗣繁多，得政又購置了近旁的「吳氏園」，專供子弟們讀書，或品茗賞景之用。「吳氏園」初係雅人吳尚霑的別墅，占地五畝。園中種植各類花草樹木，更有泉流奇石。雅堂少年時期便與諸兄弟在此園中讀書遊戲，且聽父親談說一些古代的忠義故事。

雅堂十三歲時，一日父親買了一部余文儀主修的《續修臺灣府志》送他，並說：「汝為臺灣人，不可不知臺灣事。」少年雅堂讀後卻認為此書內容過於簡略，遂發願將來要寫出一本更完整的記載臺灣事蹟的書。

光緒二十一年（一八九五年），中日甲午戰爭清廷敗績，李鴻章赴日，與日本首相伊藤博文議和於馬關春帆樓。承認朝鮮為自主國，割讓遼東半島（後因俄、法、德三國出面干涉，由清廷出三千萬兩贖還）與臺灣、澎湖於日本。中日雙方所簽條約二十一條，其第二款：

清國將臺灣全島及附屬各島嶼，又澎湖列島，即英國格林尼次東經百十九度起至百二十度止，又北緯二十三度起至二十四度之間島嶼，永遠割讓與日本。

又第五款：

本約批准互換之處（後），限二年之內，日本准清國讓與地方人民，願遷居於外者，任使變賣所有產業，退去界外。但限滿之後，尚未遷徙者，酌宜視為日本臣民。

臺灣人民何辜？清廷的腐敗懦弱，竟要犧牲此地居民，使奴役於異族！遂成立「臺灣民主國」。唐景崧任總統，劉永福為臺灣民主將軍，與日軍抗爭。然而，倉促間組成的義軍怎能抵抗堅甲利砲的日軍？於是由北而南節節敗退；唐景崧微服乘德輪匿走廈門。劉永福的軍隊一度退守臺南，曾借住於馬兵營。昔日鄭成功抗清的駐軍處，遂成為「臺灣民主國」的抗日之地。

國破家亡，讀杜詩抑制哀痛

在此大動亂的時間裡，連家竟也發生了一大變故。

正值日軍侵犯北臺灣，唐景崧逃廈門，人心惶惶之際，連得政盱衡時局，他心中知道事難為，卻仍與親戚朋輩商量募兵籌餉，為保衛家鄉盡力。他日裡奔走商議，詎料竟一夕而亡故。得政是連氏家族的重心人物，他的去世，使馬兵營連氏宅園籠罩深深的暗影，對於當時十八歲的雅堂而言，則是國破家亡，悲憤更甚於一般人。

奉諱居家期間，連雅堂手抄《少陵全集》，以抑制深沉的家國之痛。唐代詩聖杜甫生逢開元天寶的動亂，目睹民間淒苦而寫下許多可歌可泣的史詩，兵馬倥傯的乙未年間，慟感喪父的雅堂這位臺南的年輕人，體會到詩集中的一字一句。當時連氏的宅園成為劉永福重整旗鼓繼續抗日的指揮部。連家的人匀出了一部分屋宇；於是彷彿歷史重演昔日明鄭的故實，馬兵營遂又一度成了民族精神的堡壘象徵。而身歷其境，於讀書習作之餘，雅堂竟也意外得親近「臺灣民主國」的一些文告及其他種種第一手資料，大自獨立宣言，小至當時通行的宣紙郵票。自從十三歲得到父親手贈《續修臺灣府誌》以來，雅堂心中便萌生身為臺灣人，必為臺灣著史的願望，因而處於戎馬倥傯的時空，他蒐集這些文物資料是基於深刻用意的。

臺灣人民自救的志氣雖盛，奈何不敵日軍水陸雙方面的攻擊。義勇軍傷亡慘重，繼新竹、苗栗失守後，彰化、雲林、嘉義亦淪陷。劉永福深知事不可為，慨歎：「內地諸公誤我，我誤臺人！」喬裝走安平，乘英船去廈門。「臺灣民主國」至此而潰散，為時僅數月。

書生救國，以筆推動改革

臺灣割讓日本之初，有一些本地仕紳為走避禍難而內渡福建一帶，稱為「走番仔（指日本）反」。雅堂亦赴福建避之。其後一度返臺，又於隔年轉赴上海，申請入聖約翰大學攻讀俄文。此舉是考慮到日本與俄國因利害關係，將來終難免一戰，而中國居二野心國間，恐難免牽連其中，屆時須要有瞭解日、俄兩國情勢之人才；臺灣既淪陷於日人手中，對日本有研究的人才當較易得，而於俄國具有深刻認識之人才則甚為缺乏。可惜，這個頗具遠見的理想懷抱卻因為母親劉氏頻去函促他返臺完婚，遂不得不中止。

雅堂二十歲，與臺南殷商沈德墨之女沈筱雲結婚。筱雲長於雅堂四歲，明詩習禮，美而不驕。婚後遭遇全臺鼠疫流行，而馬兵營連氏多人傳染不治，故雅堂與筱雲暫移居於岳家。雅堂閉戶讀書，不與外事。攻讀俄文之志既因返臺完婚而不克實踐，乃遂以暇時修習日文。臺灣已為日本所占據，短期內不可能脫離此現象，則瞭解日語文將屬「知己知彼」所不免之事。不過，雅堂學習日文，乃出於自動而非被迫，為一介書生理智的深刻用意。

兩年後，臺南《臺澎日報》創刊。連雅堂以二十二歲的年紀入該報社任漢文部主筆，從此展開做為報人的生涯，伸紙吮筆，縱橫議論，先後二十餘年。其後，《臺澎日報》與《新聞臺灣》合併，改組為《臺南新報》。雅堂以作史著稱，其實，他一生之中主要的職業是報人，而且不限於故鄉臺南，更及於大陸地區，所任職過的報社計有：《臺澎日報》、《臺南新報》（臺南，二十二歲至二十四歲）、《鷺江報》（廈門，二十五歲）、《臺南新報》（二十五歲至二十八歲）、《福建日日新聞》（二十八歲至二十九歲）、《臺南新報》（二十九歲至三十歲）、《臺灣新聞》（臺中，三十一歲至三十五歲）、《新吉林報》（吉林，三十六歲）、《邊聲》（吉林，三十六歲）、《臺南新報》（臺南，三十七歲至四十二歲）。在臺灣，以臺南及臺中二地因家居遷移而就職不同報社。不過，五十歲以後所寫的文章又多刊載於《臺灣日日新報》及《臺南三六九小報》，後者且於第三十五號以雅堂為該社同人之一排名。

出任報務，所往來者多一時之士，使連雅堂更關注時局社會，執筆行文，每每以維護道義，端正風氣為其旨。當時臺灣已在日本統治之下，日本政府雖然正推行日語文教育為「國語」，但一般民眾尚未有足夠的日文閱讀能力，所以報刊兼容日文與漢文，成為顧及現實狀況的過渡時期現象。雅堂以素所兼具的才識，任各報漢文主筆，自是一時之選；至於他所論述的內容如保護古井、重修五妃廟等，意圖在異族治理下維持家鄉的史蹟；而推展女性的天足運動、創導女權及女學，則表現其主張男女平等的先進思想。

《鷺江報》為雅堂二十五歲時在廈門一度短期主筆政的報紙，他在此報曾刊登為福建籍女詩人蘇寶玉《惜別吟》所寫的序文，其末段有語：「欲求國國之平等，先求君民之平等；欲求君民之平等，先求男女之平等。」此序文為雅堂公開發表國是主張之首次。此後，他以筆為劍，屢屢談論社會道德問題、教育水準問題、文化風俗問題等等眾所關懷，乃至於一般人所未及注意的問題。所謂「無冕之王」，盡其身為報人之良心責任。更由於他喜交遊，南來北往，足跡所及，不僅限於臺灣本島，更渡海赴日本，甚至大陸許多地方；而他所關心的並不止於異族統治下的家鄉而已，懦弱腐敗的清政府，也是歸根結底令他心痛的對象。

日本與俄國果然因利害關係引發戰爭，戰火卻在中國領土上燃燒。連雅堂攜眷赴廈門，與友人蔡佩香合辦《福建日日新聞》。當時正值孫中山組同盟會，領導革命之初，雅堂以一枝犀利之筆，極盡書生報國之志，對腐敗的清廷多所評論排斥。此報雖係私人籌資組成，透過熱心人士介紹，卻銷售到南洋一帶，受廣大華僑愛讀。因為身處國外者，格外需要一個強大的祖國。祖國如此死氣沉沉，革命的思潮正在海外澎湃。《福建日日新聞》肆無忌憚的言論正代表許多華僑的心聲，故在短短時間內廣受華僑注意。南洋的同盟會人士閱報大喜，派新加坡李竹癡交涉，欲收《福建日日新聞》為中國同盟會的機關報，唯因清政府已注意這份立論激烈的報紙，雅堂個人的生命更受到危脅，只得停刊返臺。

熱血參與民國初建

對於領導革命的孫中山，雅堂由衷敬佩，甚至為自己取號稱「武公」。他曾對家人說：「孫文在北，我連武在南；一北一南，一文一武。」書生文人竟自號「武」，正因為武在其筆。他另有一號稱「劍花」，也表現了自己對國父心儀的態度及其威武不屈的凜然精神。雖云身在臺灣，而心繫祖國。《劍花室詩集》收〈冬夜讀史有感〉七律二十首，有序：

滿人宅夏二百六十年矣，國政紛紜，民憤磅礴，內訌外侮，昔昔交併。革命之鏡，已喧湘、贛，物極則反，天道何常。縱觀時事，追念前塵，心躍血湧，茹之欲出。率賦廿章，質諸觀者。

對於國民革命之關切，連雅堂殆為臺灣第一人。故而一九一二年清帝溥儀退位，中華民國建立，他作〈告延平郡王文〉，以祭鄭成功：

中華光復之年壬子春二月十二日，臺灣遺民連橫誠惶誠恐，頓首載拜，敢昭告於延平郡王之神曰：於戲！滿人猾夏，禹域淪亡，落日荒濤，哭望天末，而王獨保正朔於東都，以與滿人拮抗，傳二十有二年而始滅。滅之後二百二十有八年，而我中華民族乃逐滿人而建民國。此雖革命諸士斷脰流血，前仆後繼，克以告成，而我王在天之靈，潛輔默相，故能振天聲於大漢也！夫春秋之義，九世猶仇，楚國之殘，三戶可復。今者，虜酋去位，南北共和，天命維新，發皇蹈厲，維王有靈，其左右之！

民國元年（一九一二年）三月，連雅堂剪髮去辮，以示慶祝。清廷終於滅亡，此不僅是雅堂衷心樂見，也是七世祖連興位以來連氏代代所祈望之大事，如何能不欣喜異常？而今親身經歷，興奮有加，遂決計遠遊大陸。

此行，自民國元年春，至三年夏，費時三年。足履所及，自江南至河北，復出關，經塞外而遊漢陽，更到東北「滿洲國」所在地，幾乎走遍大半個中國。然而，此行並不是單純的遊覽而已，所到之處，憑弔古蹟，印證所讀古人詩文；而身為熱血的報人，則又時時介入國是輿論，參與民國初建的工作。初到上海，便受邀至華僑聯合會任報務，創辦《華僑雜誌》。又至北京，參加華僑選舉國會議員，當選為國會議員華僑代表。其後，發生宋教仁遇刺案，袁世凱與五國銀行團訂定大借款等意外事件。初建之民國動亂未已，人心惶惶，華僑身在海外，憂心如焚。正值在內地旅行時的連雅堂，不甘置身度外，遂自告奮勇，擔任為僑胞聯繫的工作。他日以函電告知海外，並且批答華僑之以書信相問者，致「腕為之痠」。

爾後，受邀北上吉林，為《新吉林報》撰文評論時政。當時袁世凱的行為已普遍引起國人反對，南方一片討袁聲起；袁政府亦處處謹防，《新吉林報》遂遭禁封。雅堂乃與《吉林時報》社主日人兒玉多一另刊《邊聲》，以主持公道。當其時在袁政府高壓手段下，動輒得咎，關內、關外的民間報紙悉被摧殘，莫敢一言是非，而《邊聲》則大事飛躍，遠至於雲南、四川一帶，卻也因而深遭袁政府忌，數度命外交使節交涉，終亦難逃厄運，不得不結束。

離開吉林，過北京時，雅堂與章炳麟、王闓運等一時之士結交，並應清史館館長趙爾巽聘為名譽協修，入館共事。其實，在遊大陸之前，雅堂已經開始為臺灣著史的工作了，所以前引初臨西湖所作的詩，其末句「青山青史各千年」，「青山」指西湖畔之山，而「青史」係稱日後完成的《臺灣通史》。足見連雅堂自己對於修史，從十三歲受父親贈《續修臺灣府誌》以來，便是耿耿於懷的。父親對他說過：「汝為臺灣人，不可不知臺灣事。」那時他就發願要修一部更完足的臺灣史了；因為所有臺灣人都不可不知臺灣事。在大陸遊的末期，雅堂以名譽協修的身分，入清史館盡閱臺灣建省檔案，並錄存沈葆楨、左宗棠等人的奏疏，遂令此行更具意義。此行三年（一九一二年春至一九一四年冬），於萬卷書外又添萬里遊的閱歷，獲益匪淺。歸來，他對三年期間伺候老母、養育子女的妻子筱雲深深感激，並道：「吾年生有兩大事，其一已成，而通史未就；吾其何以對我臺灣？」

不惑之年完成修史志業

辦報評論是連雅堂的職業，而修史存實則是他的志業。所以無論大陸遊之前，或之後，雅堂始終耿耿於懷的是「通史未就」之事，而他也時時刻刻，隨處隨地蒐集資料，一字一句地編纂著臺灣的歷史。民國七年（一九一八年）耗費心血的《臺灣通史》終於在「劍花室」書齋完成。有自序七百餘字：

臺灣固無史也，荷人啟之，鄭氏作之，清代營之，開物成務，以立我丕基，至於今三百有餘年矣。而舊志誤謬，文采不彰，其所記載，僅隸有清一朝；荷人、鄭氏之事，闕而弗錄，竟以島夷，海寇視之。烏乎！此非舊史氏之罪歟？且府志重修於乾隆二十九年，臺、鳳、彰、淡諸志雖有續修，侷促一隅，無關全局，而書又已舊。苟欲以二、三陳編而知臺大勢，是猶以管窺天，以蠡測海，其被囿也亦巨矣。

夫臺灣固海上之荒島爾，篳路藍縷，以啟山林，至於今是賴。顧自海通以來，西力東漸，運會之趨，莫可阻遏。於是而有英人之役、有美船之役，有法軍之役，外交兵禍，相逼而來，而舊志不及載也。草澤群雄，後先崛起，朱、林以下，輒啟兵戎，喋血山河，藉言恢復，而舊志亦不備載也。續以建省之議，開山撫番，析疆增吏，正經界，籌軍防，興土宜，勵教育，綱舉目張，百事俱作，而臺灣氣象一新矣。

夫史者，民族之精神，而人群之龜鑑也。代之興衰，俗之文野，政之得失，物之盈虛，均於是乎在。故凡文化之國，未有不重其史者也。古人有言：

「國可滅，而史不可滅。」是以郢書燕說，猶存其名；晉乘楚杌，語多可採。然則臺灣無史，豈非臺人之痛歟？

顧修史固難，修臺灣之史更難，以今日而修之尤難。何也？斷簡殘編，蒐羅匪易，郭公夏五，疑信相參，則徵文難；老成凋謝，莫可諮詢，巷議街譚，事多不實，則考獻難。重以改隸之際，兵馬倥傯，檔案俱失，私家收拾，半付祝融，則欲取金匱石室之書，以成風雨名山之業，而有所不可。然及今為之，尚非甚難。若再經十年，二十年而後修之，則真有難為者。是臺灣三百年來之史，將無以昭示後人，又豈非今日我輩之罪乎？

横不敏，昭告神明，發誓述作，兢兢業業，莫敢自遑。遂以十稔之間，撰成臺灣通史，為紀四、志二十四、傳六十，凡八十有八篇，表圖附焉。起自隋代，終於割讓，縱橫上下，鉅細靡遺，而臺灣文獻於是乎在。

洪維我祖宗渡大海，入荒陬，以拓殖斯土，為子孫萬年之業者，其功偉矣。追懷先德，眷顧前途，若涉深淵，彌自儆惕。烏乎念哉！凡我多士及我友朋，惟仁惟孝，義勇奉公，以發揚種性，此則不佞之幟也。婆娑之洋，美麗之島，我先王先民之景命，實式憑之！

這一年，連雅堂四十一歲。回顧他著史動機，肇始於少年時代；認真下筆，在三十一歲之年。當時一面於臺中主持《臺灣新聞社》漢文部，一面展開了這個艱鉅而規模宏大的工作。十年來獨立慘淡經營，個中甘苦非筆墨所能形容；然而，有志者事竟成，他終於完成《臺灣通史》三十六卷，近四十萬字。書起隋朝大業元年（六〇五年），迄清代光緒二十一年（一八九五年）割讓，凡一二九〇年。撰寫方式略仿司馬遷《史記》龍門筆法。

《史記》內容起自黃帝，迄於作者所處的漢武帝時代。《臺灣通史》始於中國的隋代，終於中國的清代，而時間限止於光緒二十一年。那年，連雅堂十八歲。清廷遺棄了臺灣人，把臺澎割讓予日本，連得政憂思成疾，一夕而亡。是國仇家恨，永不能忘的一年。一八九五乙未年是中國的清光緒二十一年，改隸為日本殖民地的臺灣則被迫改稱：日本明治二十八年。在分段編排上，《通史》分為四紀：卷一〈開闢紀〉（起隋大業元年，終明永曆十五年）、卷二〈建國紀〉（起明永曆十五年，終三十七年）、卷三〈經營紀〉（起清康熙二十二年，終光緒二十年）、卷四〈過渡紀〉（起光緒二十一年，終是年九月）。最後之卷原題〈獨立紀〉，日本官方不滿，強迫改為〈過渡紀〉。連雅堂委曲求全，想出折衷辦法：於〈獨立紀〉之上浮貼〈過渡紀〉字樣，下有小字排印：「起光緒二十一年，終於是年九月，此篇原名獨立，嗣以字義未妥，故易之。」表面順應，實則「欲改彌彰」，讀者與作者得「心照不宣」，用心實為良苦！

《臺灣通史》分上、中、下三冊，於民國九年（一九二〇年）、十年（一九二一年）次第出版。雅堂心頭上的一塊重石才終於卸下來。回顧過去一段嘔心瀝血的時光，他寫下〈臺灣通史刊成自題卷末〉七言絕句八首，其第三首及第四首如下：

馬遷而後失宗風，游俠書成一卷中。
落落先民來入夢，九原可作鬼猶雄。

韓潮蘇海浩無前，多謝金閶國士憐。
從此不揮閒翰墨，青山青史尚青年。

足見其自信，豪氣萬丈。《臺灣通史》的完成，其實也是雅堂全家人的大事。尤其和他相伴十數年，憂喜與共的妻子筱雲，更是他精神的一大支柱。吳興陳其采為《臺灣詩乘》題詞，有七絕四首，其第二首：

難得知書有細君，十年相伴助文情。
從來修史無茲福，半臂虛誇宋子京。

實際上，連雅堂對於臺灣的貢獻並不僅止於《臺灣通史》。在蒐集史料之際，有許多文獻，限於體例性質，不能為《通史》所收者，他一一加以分門別類，另行出集。《臺灣詩乘》便是其中一種。古謂「詩則史也，史則詩也」，即今稱「文學反映現實」；他集合古今作家有關臺灣的史事與山川之詩篇，編成《臺灣詩乘》六卷。

《臺灣稗乘》（又稱《臺灣贅談》），收集舊聞遺事之與臺灣相關者。《臺灣叢刊》收先賢有關臺灣之載籍，加以編校而成冊，計三十八種，均為海內外孤本，極其珍貴。《南洋拓殖傳稿本》，有鑒於華僑對祖國的貢獻，雅堂本擬撰寫華僑史，於《華僑雜誌》二期刊「徵求中國殖民史料啟」。今遺《南洋拓殖傳》一冊，存親筆校改稿十二頁。著述編詩集，無論以史以詩，連雅堂的目的是為故鄉子孫保存三百年來的歷史，唯恐在日本殖民統治之下散佚不見，致被扭曲篡改失真。此外，又有鑑於日本人強迫推行所謂「國語運動」，殘害與禁止臺語，為了保存臺語而編著《臺灣語典》及《雅言》。以上各種著述編纂，無論內容如何，文字多寡，其動機初衷，都是出於愛國保種目的。

廣結詩緣，振興臺灣文學

除了身為報人及史家之外，連雅堂更是享譽當世的詩人。他早年在臺南組成「浪吟詩社」，其後往來南北，廣結詩緣，加入「南社」及「櫟社」，詩文酬和，甚至於捲入筆戰，堪稱為熱情浪漫的文人。《臺灣通史》出版後，獨力創刊《臺灣詩薈》，鼓勵詩作，且刊登古今文人的詩篇文稿，報導文壇消息，意在振興臺灣文學創作。這份純文學的雜誌，在書生獨力經營下，雖只出版二十二期，每月一冊約六、七十頁，卻未曾脫期，對於臺灣的文學史保存了一些可貴的資料，深具意義。

《通史》及各種著述次第完成，獨子震東已在國內服務，連雅堂晚年遂攜眷內渡，達成終老祖國之志。不過，離鄉赴大陸亦非為養老休閒之計，而是志在另謀書生報國的計畫。他所耿耿於懷者有二：一是為《臺灣通史》補修乙未年以後的歷史，以求完備。再者，當時國民黨四中全會提出重設國史館案；他身既在祖國，心胸開展，修史之目標已然不侷限於家鄉臺灣一地，而以整體中國歷史為關懷對象了。可惜，壯志未酬，以肝癌病逝於上海，享年五十九歲。彌留之際，猶以國事為念，執震東手諄諄告以：「中日終必一戰，光復臺灣，即在其時。你們即將誕生的孩子，若是男嬰，便取名為『戰』。寓義自強不息，克敵致勝。」

中日果然未免於一戰。戰事長達八年，而日本敗績。雅堂卒後九年，民國三十四年（一九四五年）夏，日本無條件投降。臺灣終於光復。

翌年初春，連雅堂的骨灰，納於骨罈，外裹潔白之布，由他十歲之孫連戰奉回臺灣。連震東受中央命令為台北州接管委員會主任委員，已於稍早返抵臺北。

民國九十四年（二〇〇五年），海峽兩岸「破冰之旅」後，大陸方面以西湖北岸的瑪瑙寺曾經是連雅堂寓居之所，故而改建為「連雅堂先生紀念館」。館內展示著他的著作和事蹟記載及生前攝影等物件，也定期舉行臺灣文物展覽。事隔九十餘年，「移家湖上住」之願望雖沒有達成，但「青山青史各千年」卻已成為事實了。

第三章
史家與世變——陳垣史學的蛻變

陳垣／達志影像提供

文｜蕭啟慶｜中央研究院院士、清華大學歷史所梅貽琦榮譽講座

蕭啟慶提供

乾嘉考證史學大師錢大昕與趙翼強調「實事求是，無徵不信」，具有徵實的精神與客觀的研究方法。現代史料學派學者王國維、陳垣、陳寅恪、胡適、顧頡剛、傅斯年等人都是在乾嘉史學的共同基礎上，兼採新方法、新觀念、新史料，而為現代中國史學樹立起座座豐碑。其中陳垣、陳寅恪二人在民國二、三十年間最為史學界所推崇，尊為「南北二陳」。

民國百年，風雲屢變，世變的狂濤淘盡了多少風流人物？在政治界，有的被詆為「前朝餘逆」，有的被斥為漢奸或反動派。在學術文化界，有的成為守舊派，有的則被貼上買辦或頑固派的標籤。當然也有人安然度過世變，保全名位。環顧民國政治、學術人物，屢經世變而能永遠處於主流，陳垣之外，似無他人。

政教二界的長青樹

陳垣（一八八〇年至一九七一年），字援庵，廣東新會人，出生於廣州的一個藥商家庭。一生九十二年，經歷辛亥革命、北洋混戰、國府統治、抗日戰爭及共產政權等五個時期，卻永遠走在時代的前端，事業始終都很成功。他早年出身科舉，中過秀才，科舉廢除後，改習醫學。因受民族主義感染，早在一九〇五年即積極參與抗議美國排除華工的工約風潮，旋即成為同盟會員，參加革命。民國初年便做過國會議員，參加交通系，曾署理教育次長。一九二三年，參與曹錕賄選總統，招致全國指責，引為終身大恥。此後陳氏擺脫政治，專心治史辦學，以教外人士的身分參與天主教輔仁大學的創校並擔任校長逾二十年。又執教於北京大學研究所國學門，並與故宮博物院、北京圖書館、中央研究院歷史語言研究所保持密切關係，為北平學術界重要領導人，亦享有全國性聲譽。

抗戰時期，陳氏身陷敵後。北平的國立大學皆已西遷，唯有教會所辦的輔仁與燕京維持弦歌於不輟。太平洋戰爭爆發後，燕京停辦，領導大多身陷日軍囹圄，而輔仁因有德國人撐腰，得以繼續存在，陳氏仍能保持其校長地位。在此期間，陳氏一方面在課室宣揚愛國思想，一方面杜門謝客，專心著作，儼然成為當地教育界抵制日本占領的精神領袖。並於抗戰勝利後當選第一屆中央研究院院士。

一九四九年一月北平易幟後，陳垣政治態度立即左轉。在輔仁大學國家化、抗美援朝、土地改革及教師思想改造等運動中皆有積極表現。又曾擔任多項學術及政治職務。學術方面，曾任北京師範大學校長、中國社會科學院歷史所第二所所長、科學院哲學社會科學部學部委員。政治方面，先後膺任北京市人民代表會代表，全國政協委員、人大代表及常務委員等。可說是學術界與「民主人士」的樣板。毛澤東曾加讚賞：「這是陳垣先生，讀書很多，是我們國家的國寶」。毛主席的加持自然鞏固了他的政治地位。一九五九年一月，在成千上萬的知識分子被打成右派之後，陳垣獲准成為中共黨員。高齡七十有九的陳氏因而熱淚盈眶說：

> 我年近八十歲才找到政治上的歸宿，遽伯玉知非之年是五十，我卻是八十而知七十九年之非。

陳氏又在官方喉舌《人民日報》上發表〈黨使我獲得新的生命〉一文說：

> 像這樣的新政府，真像古書上所說的『羲皇上人』，不僅我沒有見過，就是歷史上也從來沒有過。

一九六六年文革爆發後，他的故舊門生多被打成「反動學術權威」，「牛鬼蛇神」，關入牛棚，陳氏卻受到國務總理周恩來特別照顧，未受凌辱。他於一九七一年六月安然病逝，享年九十二歲。旋在八寶山革命公墓舉行告別儀式，由副總理李先念主持，規格頗高。《人民日報》發表了消息，讚揚他「在毛主席思想光輝照耀下」為社會主義教育做出的貢獻，可說備極哀榮。

不管狂風暴雨的屢屢侵襲，陳垣在政治、教育二界顯然是永不凋零的長青樹。在學術上，他也能順應環境改變而調適學風，永遠是主流派。

考證史學的大師

自從梁啟超提倡「新史學」以來，現代中國史學已有逾百年的歷史。史學界主要流派有二：一為史料學派，另一為史觀學派。史料學派著重史料的搜求與批判，希望寫出客觀的歷史。史觀學派則旨在尋求歷史發展的規律，對歷史的演變作一整體解釋。兩派的目標都在追求史學的科學化，但對「科學」作了截然不同的認知，學風自然相去甚大。百年之中，兩派勢力，迭有消長。民國前期，史料學派是歷史學界的主流，而在一九四九年以後，史觀學派則在大陸贏得官方正統學術的地位。而陳垣原來屬於史料學派，後來則轉向史觀學派。

陳垣史學的發展與時代變革之間的關係密不可分。與另一史學大師陳寅恪相似，他的史學前後歷經三變。有如余英時所說：陳寅恪的史學是由「殊族之文、塞外之史」轉為「中古以降民族文化之史」，再變為探討古人內心世界的「心史」，主要是研究範疇的變化。而陳垣的史學則是由考證轉為經世，再變為馬克思主義的史學，牽涉到方法與史觀的改變，變化甚大。

陳垣對現代西方學術所知無多，卻能從乾嘉考證史學中汲取固有的現代因素，加以改造。乾嘉考證史學大師錢大昕與趙翼強調「實事求是，無徵不信」，具有徵實的精神與客觀的研究方法。現代史料學派學者王國維、陳垣、陳寅恪、胡適、顧頡剛、傅斯年等人都是在乾嘉史學的共同基礎上，兼採新方法、新觀念、新史料，而為現代中國史學樹立起座座豐碑。其中陳垣、陳寅恪二人在民國二、三十年間最為史學界所推崇，尊為「南北二陳」。

陳垣在其一九五〇年致老友武漢大學教授席啟駉書中，列出他史學發展的三個階段：（1）九一八事變之前學宗錢大昕，「專重考證之學」；（2）日本侵華以後，則講究顧炎武、全祖望的著作，「提倡有意義之史學」；（3）晚年則奉毛為師。現依此三階段，分述他的學術如次：

自一九一七年出版《元也里可溫教考》，至抗戰爆發，前後二十年，陳垣所治為考證之學。其學術著作包括下列三方面：

（一）中外宗教關係史

陳垣是中國宗教史、中外關係史研究的開拓者。二十世紀以前中國的宗教史研究未受重視。陳垣因其基督教信仰而從事基督教之研究，並由此而擴展至其他外來宗教的考述。

陳垣早年對外來宗教之研究，有以下幾點特色：

第一，尊崇歷史上宗教多元的現象：陳氏雖為一基督教徒，但主張信仰自由，不排斥任何宗教。他的宗教史研究，先由邊緣性外來宗教著手（基督教、回教、猶太教、火祆教、摩尼教），然後才擴及核心的佛、道二教。對宗教史有全盤的研究，亦充分呈現中國文化的多元特色。

第二，史學的觀點：陳氏研究宗教不自宗教學的角度探討教義與思想源流，而是以史學的觀點考察宗教活動，往往從歷史全局著眼，聯繫一代史事而考察宗教之軌跡，乃至宗教與政治及文化間的關聯。

第三，對於外來宗教，從「入華」、「入中國」切入而研究其傳播過程及發展歷史，故其對外來宗教的研究亦構成中外文化交通史的一部分。

第四，專以漢文史料探討外來宗教在華事跡，與外國學者以外文史料為主者具有互補作用。

（二）元史

陳垣治元史是受錢大昕及道咸以來西北史地學與諸家重編元史的影響。他揚棄前人編纂全史之舊途，而採取專題研究及史籍整理之方式，另闢蹊徑，深入研究。

陳垣有關元史的主要著作，除《元也里可溫教考》外，尚有《沈刻元典章校補》、《元秘史譯音用字考》及《元西域人華化考》等專著。

《元西域人華化考》撰成於一九二三年，為陳氏研究元史最重要的成果，亦為早年傑作，更是中國近代史學史上第一部專題實證研究的文化史著作。元代為一多元族群與文化社會，族群文化關係因而在元史研究中居於核心地位，而西域人（即色目）為元代重要族群，陳氏選擇漢文化對西域人的影響作為主題，頗有卓見。此書自儒學、宗教、文學、藝術、禮俗、女學等方面考察西域人接受漢文化（主要為士大夫文化）的程度，指出各族人士因欽慕而學習漢文化，放棄其舊學乃至世襲信仰而趨於華化。陳氏在此書中強調中原文化之巨大感召力，充分反映陳氏對中原文化的自信與自豪。此書亦指出元代文化不似前人所說之低落。並進一步說明文化與政治不必同調，即在亂世亦可有昌明之文化。旨在鼓勵國人在政治紛亂的當時亦應弘揚民族文化。此書出版後備受重視，有如許冠三所說，乃因「新舊兩派可以各取所需。在守舊派看來，它顯露中華文化之偉大，用夏變夷，又有新證。在革新派看來，它可以擴大國人的胸懷，有助中外文化交流」。

《華化考》運用史料二百餘種，網羅極富，論證謹嚴，創獲極多，可說是考證史學的典範。陳寅恪於一九三五年為此書刻本作序，盛稱陳氏之貢獻：「新會陳先生之書尤為中外學人所推服。蓋先生精思博識，吾國之學者自錢曉徵（大昕）以來，未之有也」。「先生是書之材料豐富，條理明辨，分析與綜合二者，極具功力」。日本東西交通史開山祖桑原騭藏評此書亦說：「非獨為研究元代歷史，即研究支那文化史者亦有參考此論著之必要」，「具有科學的方法」，並稱讚陳氏為「有價值之學者」。即在付梓四十餘年後，美國漢學家富路德（L.C. Goodrich）仍英譯此書出版，可見其學術價值。

（三）歷史文獻學

歷史文獻學的各種專門領域，如目錄學、年代學、史諱學、校勘學皆為歷史研究之必備基礎，乾嘉學者已有甚多貢獻。陳垣將前人成績系統化。在目錄學方面，著有《敦煌劫餘錄》、《道家金石略》、《中國佛教史籍概論》。在校勘學方面，有《校勘學釋例》、《舊五代史輯本發覆》。年代學著作有《二十史朔閏表》及《中西回史日曆》，而史諱學則有《史諱舉例》。陳氏在歷史文獻學方面的種種貢獻雖然為總結清代樸學家成績之結果，整舊之功大於創新。但陳氏將古人成績向前推進，更便於現代研究者之使用。胡適序《校勘學釋例》說：《釋例》「是土法校書的最大成功，也就是新的中國校勘學的最大成功」。胡氏評論陳氏年代學方面著作亦說：「這種勤苦的工作，不但給杜預、劉義叟、錢侗、汪曰楨諸人的『長術』作一結束，並且給世界治史學的人作一種極有用的工具」，皆可顯示陳氏在歷史文獻學方面的巨大貢獻。

「抗戰史學」的倡導

從學宗錢大昕的歷史考據學到倡導顧炎武之經世致用及全祖望的故國文獻之學，在陳氏的學風上是一大轉變。「通史以經世致用」原為中國傳統史學的重要一環，而明末清初大儒顧炎武為反對王陽明學派之「置四海之窮困而不言」而提倡經世致用，其著作《日知錄》等書尤重夷夏之辨。陳垣之提倡顧氏經世史學，其意在此。抗戰時輔仁同仁組織「炎社」，即以弘揚顧炎武之學為號召。而浙東史學家全祖望生於雍乾之世，上距明亡將及百年。卻繼承顧炎武、黃宗羲的精神與學術，表彰民族氣節不遺餘力，對變節人物則嚴厲指責。可見陳垣所倡導的顧、全二氏的學術實是一脈相傳。抗戰時期陳垣雖未有亡國之痛，卻有陷敵之苦，遂不再以考證史學為滿足，而提倡「有意義之史學」，「欲以正人心，端士習，不徒為精密之考證而已」。

抗戰時期，陳氏完成六部著作，其中《明季滇黔佛教考》、《清初僧諍記》、《南宋初河北新道教考》及《通鑑胡注表微》等書構成陳氏「抗戰史學」的四環，亦可說是民族主義史學著作。

《明季滇黔佛教考》的主旨在於指陳清初滇黔僧人多為遁逃於禪以求保全志節的明朝遺民士大夫。《清初僧諍記》乃是考述清初東南佛教法門中「故國派」與「新朝派」之鬥爭，借抨擊明亡後變節仕清之僧人以影射淪陷區媚事日寇的漢奸。《南宋初河北新道教考》則是研析河北道教三派：全真、大道與太一在金元二朝之歷史。陳氏認為三派皆為北宋滅亡後抗節不仕金朝之遺民所創建，值得表揚。

《通鑒胡注表微》一書著力於揭示南宋遺民胡三省《資治通鑒注》所蘊含之微言大義。陳氏認為胡氏借注史以表達其在蒙元統治下的政治思想。陳氏自身在日寇統治之下的處境與胡氏相似，故自信對胡注中的微言體會特深。陳氏所表出之思想實為其自身之思想，主旨為：愛國家、愛民族、斥日寇、斥漢奸、責當政等。陳氏自認此書為其「學識記里碑」。

陳氏上述四部著作具有共同特色，即是發揚愛國精神，伸張民族氣節，確實是傳統史學「通史致用」的現代表現。

「馬克思主義史學的小學生」

一九四九年以前，陳垣從未顯示思想左傾的迹象，但在北平易手前後，其政治態度卻發生很大的變化。一九四九年一月，國民政府多次派遣專機至北平營救知名學者，而陳垣拒絕南下，事後所述理由為：

> 我知道新生力量已經成長，正在摧毀著舊的社會制度。我沒有理由離開北平，我要留下來和青年們一起看看這新的社會究竟是怎樣的。

共軍進入北平後，陳氏力求適應他所期盼的「新社會」，努力學習馬列及毛澤東思想，「鑽研三月，不知肉味」。其思想至少在表面上發生根本的變化。他對輔仁同仁說：

> 這個時代是個偉大的時代，和以前大大的不同了，我們應該毫不猶疑地努力，研究向新的方向走。我今年已七十，可惜聞道晚矣，但本人一定努力跟上去。

陳氏顯然認為共產化為中國乃至全世界大勢所趨，自己必須跟上潮流。「聞道晚矣」一語從此成為老人的口頭禪。

一九四九年五月十一日，陳垣對正在美國為國府尋求援助而奔走的老友胡適公開喊話，在《人民日報》發表了〈給胡適的一封公開信〉。他與胡適相交三十年，過從甚密，其友誼的主要基礎即在於他們對實證主義考據學的共同喜愛。在此信中，陳垣自認已接受辯證唯物論和歷史唯物論，因而揚棄實證主義的治學方法，並且否定學術研究的客觀性與自主性。認為學術研究應該是改造社會、服務人民的工具。最後他更敦勸胡氏：

轉向人民，翻然覺悟，真心真意的向青年們學習，重新用真正的科學的方法來分析、批判你過去所有的學識，拿來為廣大的人民服務。

此信發表後，喧騰一時。大陸之外，很多人都懷疑此信的真實性。胡適閱讀此信後，十分憤慨，發表了〈共產黨統治下決沒有自由：跋所謂陳垣給胡適的一封公開信〉一文。在此文中，胡適從文字與內容兩方面分析而得出作偽的結論。他認為陳垣受到中共命令撰寫了一封文言信，共產黨的文人將此信改為白話，又加入了許多可資宣傳的材料。胡氏的結論是這封公開信可以證明「共產黨統治之下決沒有學術思想的自由」。現有資料顯示陳垣曾參與此信的撰寫，至於是否有中共的策動，難以知曉。

陳垣史學思想的變化由他當時甚多信札中亦可得到旁證。如一九五〇年夏致友人信函中奉馬列為「今聖」，謂：

孔孟，古聖；馬列，今聖也。生之今世，宜先讀馬列主義之書，然後以馬列主義衡量古籍，庶幾不迷於方向。

大陸內外之學界對陳氏在大陸易手前後政治上之轉變，看法出入甚大。大陸學者一致讚揚陳氏為愛國學者並肯定他今是昨非的醒悟，認為陳氏暮年入黨是「終於找到了政治上光榮歸宿」。臺灣學者嚴耕望、逯耀東等人的看法則完全不同。嚴氏論陳氏立身處世云：

> 自青年時代即熱心世務，前後歷任文化教育機關首長，老年乃以毛為師，並且常說自己「聞道太晚」。……亦唯其與世浮沉的性格，所以晚年不免為政治洪流所覆沒，在學術上不能再有所作為。

而逯氏則指出：

> 也許他早已從北洋官僚體系中，吸取了應變與處世之道，他將自己置於潮流的邊緣，觀察在何時順流而下，卻又能不暴露自己。

平心而論，陳氏在政治方面無疑極為機敏，憑此機敏而在改朝換代之際皆能順勢而行，不致覆頂。

陳垣史學之馬列化顯然僅止於公開表態之層次，並未付諸實踐。在陳氏一生著作中，晚年作品數量既不大，品質也不高。據統計，陳氏一生共有著作十五種共約三百萬字。其中寫成於一九四九年以後的僅六萬多字，而且多為政治應景文章，與學術無關，亦無馬列氣息。對一位終身勤奮而又重視效率的大史家而言，其學術生命可說是虎頭而蛇尾。

陳垣晚年缺少重要論著及不能落實馬列思想可能由於下列幾點原因：

第一，歲月不饒人：大陸變色之時，陳氏年齡已近古稀，衰病相尋，創作旺盛期已過。

第二，政治運動干擾：當時政治運動滾滾而來，陳氏必須奮身參與及撰寫應景文章，遂無力從事專門著作。

第三，從考證史學到馬列史學過渡之困難：陳氏基本上為一考證史家，雖因迫於形勢，陳氏之史學不得不由考證轉向經世，再由經世轉向馬列，前後兩次轉變卻有難易的不同。考證與經世原為中國傳統史學中相輔相成的部分，兩者相通之處甚多。而馬列史學則純粹是舶來品，這種舶來的赤色經世史學與中國傳統史學全無淵源，亦不相似。欲將其考證學的老骨架套入馬列主義新衣裳，對此臨暮老史家而言，已是心餘而力絀。

陳垣晚年在學術上的迎合官方路線，與陳寅恪形成強烈的對照。陳寅恪一生帶著幾許遺少味，與政治非常疏離，晚年尤其如此。他不願為「俗諦」（官方意識型態）所桎梏，始終追求「自由之思想」與「獨立之精神」。一九五三年他被任命為中國科學院歷史第二所所長，主持中古史研究，他卻提出兩個條件：一、允許研究所不宗奉馬列主義，不學習政治。二、請毛澤東或劉少奇出一證明。這些被當時人視為幼稚天真，甚至大逆不道的條件自然不會被接受。結果由願意迎合「俗諦」的陳垣所取代。但是，其後陳寅恪以高年盲翁的狀態，寫出《論再生緣》與《柳如是別傳》兩部大著，與陳垣晚年的學術成就相較頗有軒輊。其差異之由來即在於二人對政治與學術態度的不同。

陳垣一生學風雖經歷三變，貫穿其間的則是民族主義。民族主義原是二十世紀中國許多知識份子的共同情懷，而陳氏早年即受民族主義的感染而參加革命與從政，民族主義的情懷呈現得特別強烈。早期的埋身考證之學，動機在於想「把漢學中心奪回中國，奪回北京」。這是他和陳寅恪、傅斯年等人共同努力的目標。在這階段，民族主義是他研究的主要動力，卻未影響其研究實質，因而產生甚多驕人的成果。中年適逢日寇侵華，他的史學轉向經世，提倡「有意義的史學」，旨在伸張民族氣節，發揚愛國精神。史學已成為他發抒民族情懷的工具。但過分強調民族大義，不免在擇題與論斷上有所偏失。晚年更欲轉向馬列主義，一方面固然迫於中共建國之初的威勢，一方面亦可能受到毛澤東「中國人民站起來了」宣傳的感染，另一方面也可能確實相信馬列可以救中國，馬列是否能夠救中國可以置於不論，但是在此階段，陳氏的史學及其民族主義情懷皆須從屬於馬列的意識型態，史觀的改變遂使這位考證史學大師不能在學術上再有所作為。這不僅是陳垣個人的不幸，在唯物史觀定為正統意識型態、學界的主流後，大陸的許多史家都面臨此一困境。

盪漾的餘波

自大陸政府推行改革開放以來三十年中，由於意識型態的日漸淡化，歷史學界中史觀與史料兩個學派的影響，此消彼長的態勢甚為明顯。許紀霖甚至認為：

> 到九十年代，乾嘉傳統已經無可爭議地成為當代中國史學的主流。……對歷史的主觀解釋被擠壓到最低限度。追求客觀化、實證化和真實性，成為史學的最高境界。

對於這一觀察，學界仍然不乏質疑，而且新考據史學中亦已增添了不少前所未見的內涵，但史料學派的復興應無疑義。在這波學風翻轉的浪潮中，不少學者雖然遠祧錢大昕、趙翼的乾嘉考據，但直接宗奉的則是陳垣、陳寅恪等人的現代化考據史學。陳垣、陳寅恪當初對中國史學的馬列化曾有全然不同的反應，他們若能多活三、四十年，拒絕接受「俗諦」的盲翁陳寅恪對於近年來的種種變化固然會雙目一亮，感到欣欣然，而永遠與時俱進的陳垣更應非常高興，拈髯微笑，因為在學風變化一個輪迴之後他仍屬於主流，繼續引領風騷。

第四章

出版文化的舵手——

王雲五

王雲五／王壽南提供

文｜王壽南｜政治大學歷史系名譽教授

王壽南提供

王雲五先生是中國近代史上的一位奇人，他沒有受過任何正規教育，卻是許多著名學者的老師，甚至被稱為「博士之父」，他的一生事業跨越出版、教育、文化、政治，都有精彩的表現，他的人生旅程真是壯闊而宏偉。

雲五先生原名鴻楨，又名之瑞，小名日祥，號雲五，後以雲五為名，又號岫廬，筆名有出岫、龍倦飛、龍一江、王一鴻等。祖籍廣東省中山縣，清光緒十四年（一八八八年）農曆六月初一日（西曆七月九日）生於上海。父親任洋行倉庫管理員，薪資不豐，雲五先生有三個哥哥、三個姐姐，家庭經濟相當拮据。

雲五先生幼年體弱多病，家境不裕，七歲才啟蒙讀書，十四歲以前雲五先生都在私塾。父親認為王家子孫無福於科舉功名，十五歲時，雲五先生奉父命到一家五金店當學徒，晚上則到一家夜校讀英文，十七歲時到上海同文館兼任教生（助教），廣讀中西名著，使他更增添對讀書的濃厚興趣。工餘之暇，雲五先生把全部時間都投入閱讀之中，使他的學識快速進步。

人生壯遊

雲五先生十八歲受聘為中國新公學英文教師，學生年齡和他差不多，例如胡適（原名洪騂）小他兩歲（胡適之生於一八九一年十二月十七日，應該是三歲），朱經農比他大兩歲，學生們對這位「小老師」的能力不免懷疑，所以初上課時學生的質問特別多，經過「小老師」詳盡的解說，學生們才心悅誠服，後來這些學生都成為他的好友。

光緒三十三年（一九〇七年）冬，中國新公學併入中國公學，雲五先生改任中國公學教員。這時，雲五先生用薪水購買了一部大英百科全書，共三十五鉅冊，他花了三年時間，把大英百科全書閱讀一遍，這件「傻事」讓朋友們大為佩服，實際上使沒有受過正式教育的他在智識面的廣度和深度上大幅提升。

宣統元年（一九〇九年）江寧提學使李瑞清辦了一所留美預備學堂，請雲五先生任教務長，這時雲五先生年僅二十二歲，許多學生年齡都比他大。

宣統三年（一九一一年）陽曆十二月二十九日孫中山先生被選為中華民國臨時大總統，次日晚間香山縣（即中山縣）的同鄉聯合歡宴孫先生於上海辰虹園，雲五先生被推為主席，即席致詞歡迎孫先生，並陳說中華民國建國的意義，孫先生大為讚賞，立刻邀請雲五先生擔任臨時大總統府祕書，這是雲五先生第一次任政府公職，年僅二十五歲。這項職務僅僅兩個月，由於孫先生將大總統位讓與袁世凱，雲五先生乃辭職，但教育總長蔡元培欲借重雲五先生，乃任雲五先生為教育部專門教育司科長，負責起草大學和專門學校令，並協助將京師大學堂改制為北京大學。民國二年辭去教育部工作，改任國民大學（後改名中國大學）教授，講授英文、政治學、英美法概論。

民國十年（一九二一年）底，經由胡適的推薦，雲五先生進入商印書館任編譯所所長（即總編輯），從此雲五先生和出版工作結下不解之緣，商務印書館成為雲五先生人生的基石。

民國十八（一九二九年）年九月，商務印書館工潮迭起，雲五先生辭職，轉任中央研究院社會科學研究所研究員兼任法制組主任。民國十九年（一九三〇年）二月，商務印書館總經理鮑咸昌去世，董事會力邀雲五先生返商務印書館任總經理，雲五先生要求將現行的高級主管會議制改為總經理獨任制，董事會接受了，於是雲五先生允諾接任總經理，一肩挑起了商務印書館興衰存亡的重責。

民國二十一年（一九三二年）一月二十八日，日本軍隊突然侵犯上海閘北，爆發戰事，即所謂「一二八事變」。日軍砲火猛烈，將商務印書館印刷廠、倉庫、辦公室、門市以及全國最大的私立圖書館東方圖書館全部炸燬，珍藏善本及文稿全化為灰燼，實為中國文化之一大浩劫。當時商務印書館如同心臟被人刺了一刀，生命垂危，幸賴雲五先生沉穩應付，才得度過難關，使商務印書館再站起來。

民國三十五年（一九四六年）五月雲五先生辭去商務印書館總經理，國民政府蔣中正主席堅邀雲五先生出任經濟部長，三十六年（一九四七年）三月辭經濟部長。四月，國民政府改組，雲五先生被任為國民政府委員，旋即被選任為行政院副院長。三十七年（一九四八年）五月十五日行憲第一任內閣組成，翁文灝任行政院長，雲五先生為財政部長，任內改革幣制，發行金圓券，十一月十日辭去財政部長職務。

除卸公務之後，雲五先生寓居香港，民國三十九年（一九五〇年）十二月在香港寓所遭遇暗殺，幸子彈未命中，乃得逃過一劫，遂決意離港赴台定居。民國四十年（一九五一年）一月三日雲五先生抵台定居。旋即受行政院長陳誠聘為行政院設計委員會委員，民國四十三年（一九五四年）八月蔣中正總統特任雲五先生為考試院副院長。民國四十七年（一九五八年）七月在陳誠院長堅邀下，雲五先生改任行政院副院長，至民國五十二年（一九六三年）十二月辭職，蔣中正總統改聘雲五先生為總統府資政。

離開政壇時，雲五先生年已七十六歲，然身體仍甚健朗，除在政治大學政治研究所授課外，民國五十三年（一九六四年）六月回任台北之商務印書館董事長。失去雲五先生領導的商務印書館早已虧損不堪，幾乎無法維持，雲五先生出任董事長，使商務印書館因之起死回生，業務蒸蒸日上，其後台北之商務印書館依法改名為台灣商務印書館。

退出政治舞台後，雲五先生工作仍舊十分忙碌，除繼續授課、主持商務印書館之外，並兼任故宮博物院管理委員會主任委員、嘉新文化基金會董事長、私立銘傳女子商業專科學校（後改名銘傳大學）董事長、中山學術文化基金管理委員會主任委員（後改名中山學術文化基金董事會董事長）、國父百年誕辰紀念籌備委員會主任委員、國民大會代表、中央研究院評議委員、中華文化復興運動推行委員會副會長、國父紀念館興建委員會主任委員等，此外雲五先生又勤於寫作，在報章雜誌發表文章甚多，出版之專書達數十冊，並到各機構學校演講。雲五先生每天清晨三時起床，晚八時就寢，整日忙於工作，幾無休閒娛樂活動，曾戲稱他人生的終結是「從工作室到殯儀館」，這種對工作的狂熱，使他的一生有多面向的發展，使他的人生旅途既廣闊又壯麗。

民國六十八年（一九七九年）八月十四日雲五先生因心臟病突發逝世於台北，結束了人生的壯遊，享年九十二歲。

中國出版界的巨星

在民國三十八年（一九四九年）以前，商務印書館無疑是全中國最大的出版機構，不但是中國出版界的領袖，也是世界著名的出版公司。商務印書館成立於光緒二十三年（一八九七年），最初只是一個印刷廠，其後張元濟（菊生）加入，增設編譯所，始轉型為出版公司，以出版中小學教科書、譯印西方名著、編印各類辭典等為主。

民國十年雲五先生進入商務印書館，先任編譯所所長，後任總經理，挑起公司發展的重責大任。民國二十一年（一九三二年）的「一二八事變」和民國二十六年（一九三七年）的抗日戰爭爆發都讓商務印書館瀕臨破亡，幸賴雲五先生沉著應付，忍辱負重，才得度過難關。在雲五先生主持下，商務印書館業務蒸蒸日上，以民國二十五年（一九三六年）為例，當年全國新出版物總數九、四三八冊，商務印書館一家之新出版物達四、九三八冊，占全國百分之五十二強，由於出版的量驚人，凡是小學生以上沒有不知道商務印書館的。

除了「量」不斷增加之外，在雲五先生策畫下，商務印書館還在「質」上努力提升，推出了不少「創造性」的出版物，如四部叢刊、萬有文庫、大學叢書、中國文化史叢書等，都對學術界和教育界有極大的貢獻。

商務印書館是公司組織，是商業機構，謀取利潤原本是商業行為的基本目標，但雲五先生將商務印書館看成是文化機構，肩負學術文化的使命，利潤固然重要，但利潤不是唯一的目標，所以在民國三十五年（一九四六年）雲五先生卸任總經理之前，商務印書館每年的銷售量十分龐大，而公司的盈餘卻不很多，雲五先生常對公司員工說：「我們出十本書，有六、七本賺錢就好了，另外三、四本一定要出有價值的書，這些有價值的書銷售可能不好，會賠錢，我們要用那六、七本銷售很好的書賺的錢來貼補這三、四本有價值的書。」可見雲五先生不但是中國出版界的巨星，也是讓中國文化前進的推手。

四角號碼檢字法的發明

四角號碼檢字法是雲五先生揚名中外的發明，較之中國傳統的部首檢字法大為改進，不僅查檢快捷方便，而且對於數量龐大的檔案和索引尤其適合應用，在電腦尚未普及之時，四角號碼檢字法對檔案和資料的檢索有極大的功效，例如在文書電腦化以前，台灣全省戶口人名卡片一千餘萬片即以四角號碼排列，檢查十分方便，各機構的檔案也多以四角號碼排檢。在電腦通用之前，美國哈佛大學的漢文書名片、日本諸橋博士的《漢和大辭典》全部索引均採用四角號碼檢字法。

在電腦被普遍使用後，四角號碼似乎已被人漸漸淡忘，但在民國十七年至民國六十九年（一九二八年至一九八〇年）約半個世紀中，四角號碼檢字法在華文資料檢索工作中確實有很大的貢獻。

對中國圖書館事業的貢獻

雲五先生沒有受過任何學校正規教育，他的知識幾乎都從圖書館自修而得，所以他對圖書館有濃厚的感情。

民國十年雲五先生進入商務印書館任編譯所所長，發現編譯所附設有藏書處，命名為涵芬樓，收藏善本書和一般中外文書籍達數十萬冊，藏書量不比一般公立圖書館少，於是雲五先生建議董事會公開閱覽，經董事會同意，遂建築一座五層樓房，作為藏書展閱場所，十三年三月落成，命名為東方圖書館，雲五先生兼任館長。民國二十一年（一九三二年）「一二八事變」，東方圖書館被日本砲火摧毀，造成中國文化的一大浩劫。

抗戰開始，上海淪陷，雲五先生在重慶主持重整商務印書館，同時在重慶白象街建立東方圖書館重慶分館，雖然藏書僅一萬多冊，但當時重慶的圖書館不多，因此館內閱覽者經常滿座，極為社會所稱道。

除自行創設圖書館外，雲五先生有一理想，就是協助各地方、學校、機關，甚至家庭以極低的價格創辦小型圖書館，於是籌畫出版「萬有文庫」，預計出版各類圖書一萬冊，從民國十八年至二十六年（一九二九年至一九三七年）出版了數千冊，憑藉該文庫而建立的圖書館達二千多所，惜抗日戰爭爆發，事遂中止。

為了改進圖書館分類編目，雲五先生創作了「中外圖書統一分類法」，以杜威氏十進分類法為基礎加以改進，使更適合中國圖書分類之用，國內圖書館採用此法以編目者甚多。

在政治上的表現

雲五先生在中國近代政治舞台上是一個十分活躍的人物，民國二十七年（一九三八年）國民參政會成立，雲五先生被遴選為參政員，從此，雲五先生在政壇上成為一位傑出的人物。所謂傑出，不是指他曾擔任過經濟部長、財政部長、考試院副院長和兩任行政院副院長，而是指他在政壇上的表現。

在數次政務官任內，雲五先生充分表現出他是一位不逢迎、不推拖、不守舊、不怕事、不遇事模稜兩可、不擺官僚架子的人，他從來不應考、不求職，每次政務官的職務均是高層政治領袖的堅邀而接受，任職後雲五先生肯負責、敢做事、有魄力、不戀棧，是一位難得的官員。

除了擔任政務官外，雲五先生也擔任四屆的國民參政會參政員，又參加政治協商會議，又任制憲國民大會代表、國民大會代表等，在這些組織份子複雜的政治會議中，雲五先生無黨無派的公正立場，對於事理分析周密，每當會議中發生爭執不下之時，雲五先生常能折衝協調，使爭執得到圓滿解決。雲五先生擅長主持會議，善於應付各種分歧意見使之調和，「快刀斬亂麻」是雲五先生主持會議時處理紛亂難解案件的絕招，傳播媒體常稱讚他的「明快」手法。

金圓券事件的挫敗

在雲五先生從政的路途中，最失敗的事無疑是金圓券事件。雲五先生任財政部長，提出改革幣制，發行金圓券，結果失敗，當時國人群起指責雲五先生，雲五先生默默負起失敗的責任，始終未曾為自己辯解，但是有兩個問題值得深思：

第一個問題，幣制改革是何等重大的政治事件，牽連範圍何等廣闊，其規畫與執行並非一蹴可及。雲五先生於民國三十七年（一九四八年）五月中旬，被蔣中正總統和行政院長翁文灝極力再三邀請任財政部長，雲五先生勉強應允暫任三個月，六月五日正式就職，六月十三日、十四日兩度向翁院長請辭，翁院長強力婉留，七月七日雲五先生親擬「改革幣制平抑物價平衡國內及國際收支方案」，次日，與翁院長謁見蔣總統，蔣總統原則上表示贊同，指定雲五先生與俞鴻鈞、嚴家淦、劉攻芸、徐柏園、翁文灝組成小組研商，六人小組開會數次，八月十九日下午三時赴國民黨中央政治會議報告幣制改革案，下午六時行政院院會通過，當日晚間以總統命令發布「財政經濟緊急處分令」，附帶公布「人民所有金銀外幣處理辦法」、「中華民國人民存放國外外匯資產登記管理辦法」、「整理財政及加強管制經濟辦法」，八月二十二日中央銀行開始收兌金銀外幣，金圓券正式問世。

從雲五先生被任命為財部長到金圓券問世，時間僅兩個月又十七天，在如此短暫時間內，便將改革貨幣政策付諸實現，其效率之「神速」確屬空前，其中諸多改革辦法必須深入瞭解政府財政法令與現況始能草擬，不料竟出於一位從未涉及財政工作的「新手」部長之手，不得不令人驚疑。此外，尤其令人不解的是，當時的政治體制是「以黨領政」，一切政策均由國民黨中央決定，交付政府機關實施，然而，此次貨幣改革政策竟由非國民黨員的雲五先生一手策畫，草擬了所有的法令、規章、辦法，送到國民黨中央，經過不到三個小時的會議，國民黨中央便照案通過，沒有熱烈討論，沒有反覆推敲，這種情形豈不怪異？難道國民黨中央與會者都睡著了？國民黨中央放棄「以黨領政」的體制嗎？

種種的疑問串連起來，可以找到答案，那便是國民黨中央早已悄悄決定了貨幣改革政策，並且擬好了相關的法令、規章、辦法，卻未敢宣布實施。雲五先生在《岫廬八十自述》中便提到他到財政部後調閱部內資料，有關部內外改革幣制的意見文件不下七、八十種，雲五先生說：「我便就年來念茲在茲的觀念，參以部中所得的實際資料和部內外專家的意見，由我詳加考慮後，親自草擬一道改革幣制平抑物價平衡國內及國際收支的聯合方案」，雲五先生參考的「實際資料」中恐怕就有國民黨草擬的改革方案，雲五先生才能在極短的時間內寫出相當「專業」和「深度」而又符合國民黨中央心意的改革方案。

有一件事可作為國民黨早已在這進行貨幣改革工作的佐證，那便是金圓券幣券印製的時間。雲五先生從就任財政部長到宣布發行金圓券不過兩個多月時間，金圓券發行額最初定為二十億圓，這二十億圓的鈔票從設計圖案到印製完成絕非兩個多月能夠做到，原來政府早在抗戰勝利之前已在美國祕密印就壹圓、伍圓、拾圓、伍拾圓、壹佰圓等五種面額的金圓券，及五分、壹角、貳角之輔幣券，其幣值共約二十九億圓，藏於中央銀行。可見國民黨中央早已擬就貨幣改革辦法，才能依其辦法印製幣券。而雲五先生的方案新貨幣即是金圓券，發行鈔票面額完全與已印就之鈔票相同，亦足證此次貨幣改革不是雲五先生「閉門獨創」，而是根據國民黨的版本寫成。

如果以上的推論是正確的，那麼，這次貨幣改革大戲的製作人兼導演是蔣總統，編劇是國民黨中央，雲五先生是主要演員，政府文武官員配合演出，或任樂隊，或任布景，或任配角，或任龍套。

第二個問題是當時國中內財經人才甚多，何以蔣總統要選用雲五先生來演主角？主要的原因是當時國民黨的形象不好，被人民視為貪污、腐化、官僚的政黨，如果由國民黨的官員來主持貨幣改革，恐怕得不到國人的信任，何況國民黨內部派系縱橫，恩怨交錯，任何一個人來主持，難免受到派系的挾持或攻擊，於是身為製作人兼導演的蔣總統不得不從國民黨以外尋覓人選，雲五先生非國民黨員，素有公正、清廉和勇於任事的美譽，又沒有黨派的力量和包袱，乃成為蔣總統心目中的最佳人選。

九月二十二日，即金圓券發行後一個月，雲五先生赴美出席國際貨幣基金會第三屆聯合大會並擔任會長，財政部長職由政務次長徐柏園代理，出國前，雲五先生將預擬的各種應變措施一一囑咐徐柏園。在雲五先生出國期間，國軍軍事頻頻失利，遂使人心浮動，搶購之風開始，商人屯積物資，造成物價飛漲，金圓券貶值。十月十日雲五先生自美返國，發現情勢惡化，而預擬的各種應變措施均未實施，致肇惡果。雲五先生心焦如焚，十月十三日提出數種應付財政金融危機辦法，結果未被行政院通過。十月二十六日至二十八日行政院經濟管制委員會開會，由行政院長翁文灝主持，雲五先生之主張未被接納，將過去之經濟政策作了一百八十度轉變，表示行政院對雲五先生的政策不再支持，雲五先生乃主動辭職，十一月十日，雲五先生辭職獲准。

金圓券之失敗為雲五先生一生之憾事，後人為金圓券而對雲五先生大加責備者甚多，雲五先生未曾為自己辯護。事實上，金圓券之失敗主要原因有三：一是軍事失利，東北失守，共軍攻陷濟南，威脅徐州，局勢快速惡化。二是搶購物資成為風潮，全國騷動，使金圓券急速貶值。三是行政院長翁文灝不肯負責，甚至不支持雲五先生之政策，行政院相關部會又不積極配合經濟政策，使雲五先生獨木難撐大廈。

如以戲劇演出作比喻，當主角暫時離開前台，不久再回前台時，發現樂隊演奏變調，場景凌亂，配角、龍套全不按劇本表演，導演也失去控制舞台的能力，這個主角如何繼續演下去？這場戲的失敗誰該負責呢？

動盪的時代，不凡的成就

從光緒三十一年雲五先生在上海益智書室任教起，到民國五十八年（一九六九年）宣布告別杏壇，以專任或兼任身分從事教育工作達二十三年之久，他教過的學生中很多人成為知名之士，如胡適、朱經農係中國新公學的學生，萬鴻圖係留美預備學堂的學生，臧啟芳係國民大學的學生，邱創煥、金耀基、徐立德是政治大學的學生。

從民國四十三年（一九五四年）起，雲五先生在政治大學政治研究所兼任教授，在博士班、碩士班均有課。由於雲五先生學識淵博，政治實務經驗豐富，對圖書典籍涉獵甚廣，且為人和藹可親，所以研究生多喜請雲五先生任論文指導教授，從民國四十三年到五十六年（一九六七年）雲五先生共指導碩士論文二十三篇，博士論文九篇，當時政大政治研究所博士班學生十三人，而雲五先生一人便指導了九位博士生，當時有人稱雲五先生為「博士之父」。雲五先生連小學畢業文憑都沒有，其身分證上教育程度欄寫的是「識字」，一個僅僅「識字」的人竟會有「博士之父」的雅號，實是一位奇人。

雲五先生童年時體弱多病，日與藥餌為伍，算命先生替雲五先生算命，指雲五先生不能活過十四歲，父母為之憂心忡忡。不料雲五先生十歲以後身體轉為健壯，竟然活到九十二歲，且很少生病，這真是算命先生算不準的命。

雲五先生的生命歷程是曲折而富有傳奇性的，他生在一個不平凡的時代——經歷過八國聯軍、國民革命、北伐統一、抗日戰爭、國共內戰、建設台灣等重大事件，政治、社會、經濟、文化各方面都在作不停的大改變，這段時間是中國歷史上少見的巨變時期，雲五先生在這巨變的洪流中，表現也是不平凡的，他有多方面的成就和貢獻，他固然受到時代潮流的影響，但是他給予近代中國的影響卻更遠更大。

第五章

光焰不熄——胡適

胡適／達志影像提供

文｜周質平｜普林斯頓大學東亞系教授

周質平提供

胡適在一九一七年回到中國，提倡白話文，批判舊傳統，主張用科學的方法整理國故，出版《中國古代哲學史》、《紅樓夢考證》等，為現代中國學術樹立了典範。對孝道、喪禮、婦女解放都提出了改革的方案。他的影響從學術研究到日常生活，及於各個層面。真可以說是「社會之面目為之一變」。

一九〇一年梁啟超在日本寫《南海康先生傳》，首論「時勢與人物」。他對「人物」一詞的界定是：

> 必其生平言論行事，皆影響於全社會，一舉一動，一筆一舌，而全國之人皆注目焉……其人未出現之前，與既出現之後，而社會之面目為之一變，若是者庶可謂之人物也已。（《飲冰室文集》之六，頁五十八。在《飲冰室合集》，卷一，北京：中華書局，一九八九）

用這個標準來評量胡適的一生，胡適無疑是個「人物」。

從「應時之人物」到「先時之人物」

胡適在一九一七年回到中國，提倡白話文，批判舊傳統，主張用科學的方法整理國故，出版《中國古代哲學史》、《紅樓夢考證》等，為現代中國學術樹立了典範。對孝道，喪禮，婦女解放都提出了改革的方案。他的影響從學術研究到日常生活，及於各個層面。真可以說是「社會之面目為之一變」。套句《象山學案》中的話：「天地間有個胡適之便添得些子，無了後，便減得些子。」是一點不誇張的。

梁啟超在《時勢與人物》中，將人物分為「應時之人物」與「先時之人物」兩類：

> 應時而生者，其所志就，其所事成，而其及身亦復尊榮安富，名譽洋溢。

若以這幾句話來描述胡適回國之後十年之間，在中國之際遇，大致是不錯的。論者往往以「暴得大名」四字來刻畫胡適初回國時驟享大名，披靡一時的情況。這和梁啟超所論述「應時之人物」，若合符節。

對於「先時之人物」，梁啟超的說法是：

> 其所志無一不拂戾，其所事無一不挫折，而其及身亦復窮愁潦倒，奇險殊辱，舉國欲殺，千夫唾罵。

用這幾句話來說明一九四九年到一九七九年，三十年之間，胡適在中國大陸所受到的批判，誣衊，歪曲和侮辱真是再恰當不過了。「舉國欲殺，千夫唾罵」，不正是上世紀五〇年代，胡適思想批判的寫照嗎？一九五五年由北京三聯書店出版的八冊《胡適思想批判》，舉證歷歷，胡適成了「美帝國主義的走狗」，「蔣介石的御用文人」，「中華民族的罪人」，連他的兒子思杜都登報指責，胡適是「人民的公敵」。一九五四年，周揚更為胡適思想批判定調，說胡適是「中國馬克思主義和社會主義思想的最早的，最堅決的，不可調和的敵人。」「企圖從根本上拆毀馬克思主義的基礎。」胡適五〇年代在紐約的那段日子可以用「窮愁潦倒」概括之，而他在國內的際遇則不出「奇險殊辱」。

而今我們回看一九五〇年代共產黨對胡適思想的批判，無非只是一個政權集全國之力，對一個手無寸鐵的知識份子，進行長達數十年的誣衊和歪曲。但有趣的是被批判的，不但不曾被打倒，反而浴火重生。胡適思想在上世紀八〇年代和中國人重見的時候，他的自由、民主、科學、理性、溫和，再度成為中國思想界久旱之後的甘霖。共產黨費盡心機要打倒、剷除胡適的思想，結果卻把一個在五四時期「應時之人物」，一變而成了「改革開放」初期「先時之人物」了。

這一改變，絕不是因為胡適思想，在他晚年有了飛躍，有了進步。恰恰相反的是，胡適思想定型的很早，他不像梁啟超，「不惜以今日之我，難昔日之我。」胡適四十歲之後，無論在學術上或政治上都少有新理論的提出。然而胡適由二十世紀初期「應時之人物」，到八〇年代反而成了「先時之人物」，卻又實事俱在，究竟是什麼力量延續並光大了胡適思想？

一九四九年之後，胡適在中國苦心耕耘了三十年的自由與民主，在一夜之間，摧毀殆盡。五四以來，多少知識份子辛辛苦苦培養起來的一點「獨立之精神，自由之思想」，成了新政權必欲剷除的對象。而胡適思想則成了抗暴消毒最後的堡壘，也是共產黨必欲去之的心頭大患。換言之，是一九四九年之後中國的封閉與獨裁使胡適由五四時期「應時之人物」，一變而成了八〇年代「先時之人物」了。由此推論，不是胡適思想進步了，而是中國社會倒退了。封閉與獨裁是滋生胡適思想最肥沃的土壤，也是胡適思想始終不過時最好的保證。

主張漸進式改良

由於工作的關係，我經常往返於兩岸三地，有機會和美國、大陸、港台的學生談到胡適的思想。對美國學生來說，胡適所提倡的自由民主，只是常識（common sense），他們很難理解，這樣的「卑之無甚高論」，何以竟能震動一時，開啟一個新時代。對台灣學生而言，胡適只是一個過氣的白話作家和政論家，他在國民黨統治時期的直言、敢言，衡之以今日的言論尺度，都不免失之「溫吞」，很難激動台灣少年人的心。至於五四時期胡適意氣風發的言論，對八〇後，九〇後的台灣青年來說，都已是遙遠的「中國上古史」。他們兩手一攤，肩膀一聳，來一句：「這和我們台灣人有什麼關係呢？」無論是美國學生也好，港台的學生也好，胡適，毫無疑問的已是個過去的人物。

但和中國大陸學生談胡適，他們還有許多聞所未聞，見所未見的新鮮感。讀到胡適一九一九年的《多研究些問題，少談些主義》中的這幾句話：

由於人類的愚昧，故容易被人用幾個抽象的名詞騙去赴湯蹈火，牽去為牛為馬，為魚為肉。歷史上許多奸雄政客懂得人類有這一種劣根性，故往往用一些好聽的抽象名詞，來哄騙大多數的人民，去替他們爭權奪利，去做他們的犧牲。

我相信，只要是經過「反右」和「文革」那一代的中國人，看到這樣的文字，不能不在心中引起深沉而恆久的震撼。「主義」和「革命」這兩個詞，不知害死了多少中國人！胡適在〈介紹我自己的思想〉一文中說：

被孔丘，朱熹牽著鼻子走，固然不算高明；被馬克思，列寧，史達林牽著鼻子走，也算不得好漢。

今天回看這幾句話，依舊是光焰常新。

一九七八年五月十一日，《光明日報》發表了題為〈實踐是檢驗真理的唯一標準〉的社論，一般都將此文視為改革開放的先聲。從此以後，「革命」這個在中國風光了幾十年的詞，漸漸地、悄悄地被「改革」取代了。中國人也終於從「主義」的迷幻中，走出了「革命」的夢魘。胡適畢生反對暴力革命，而主張一點一滴漸進式的改良，他提倡的「實驗主義」，其精義無非就是「實踐是檢驗真理唯一的標準」。三十年來對胡適思想的打壓、剷除，結果竟走回了胡適「少談主義，多談問題」的老路。而毛澤東與鄧小平之別，也無非只是「主義」與「問題」之爭。中國人在受了幾十年的蒙蔽之後，猛然醒悟到，原來，改革開放大設計師的思路竟和胡適思想有不謀而合的地方。

堅信理伸於天下萬世

和魯迅相比，胡適最幸運的是他始終不曾被偶像化過，始終不曾受到黨和國家最高領導人毫無保留的讚揚。毛澤東在《新民主主義論》中對魯迅「三家」——「文學家，革命家，思想家」、「五最」——「最正確，最勇敢，最堅決，最忠實，最熱忱的空前的民族英雄」的褒揚，把魯迅扭曲成了一個為共產主義衝鋒陷陣的旗手。魯迅地下有知，也會哭笑不得的。魯迅自己寫過一篇題為〈罵殺與捧殺〉的短文，值得警惕的是被罵的未必被罵殺，但被捧的已被捧得鼻青臉腫，失了本來面目，成了一個人神之間的怪物。

偶像和傀儡，表面上看來，一個受人頂禮膜拜，而一個受人擺布戲弄，似是兩極。但實質上相去是極其有限的。所謂偶像化，無非就是要偶像來為一個目的服務，一旦有了服務的對象，偶像已經在不知不覺之間，成了傀儡了。魯迅在死前十年，即一九二六年，發表〈無花的薔薇〉，就已經指出：「待到偉大人物成為化石，人們都稱他偉人時，他已經變了傀儡了。」不幸的是，他自己竟防止不了這個傀儡化的過程。周作人在給曹聚仁的信中就說到：「〔魯迅〕死後，隨人擺布，說是紀念，其實有些實是戲弄。」真是一針見血。

胡適始終沒有被偶像化，這正是他的大幸，也是他獨立自主最好的說明。北大紅樓前的五四紀念碑上，有蔡元培、陳獨秀、李大釗、魯迅的浮雕，而獨缺主將胡適。多年來有人倡議在北大為胡適立像，但始終沒有得到當局的同意。這種種都說明，胡適至今是個「違礙」。胡適不但沒有被偶像化，甚至沒有得到過正式的「平反」。其實平反不平反，對死者來說，已毫無意義。平反胡適，既不能為他增添什麼，也不能為他減少什麼；但對當年判他「有罪」的當道來說，平反胡適這樣一個為中華民族的進步與尊榮，做出過劃時代貢獻的人物，是可以為當道統治的合法性，加上一個可觀的砝碼的。

胡適一生服膺呂坤《呻吟語》中「為人辨冤白謗，是第一天理！」這句話。一個大有為的政府，竟不能為胡適這樣一個驚天的「冤假錯案」，出來說一句公道話，天理何在？公道何在？當道的道德勇氣又何在？

過去三十年來，是胡適思想在中國大陸，重見天日的一個過程，在這個過程中，讓我想起《呻吟語》中的另一段話：

天地間，惟理與勢為最尊。雖然，理又尊之尊也。廟堂之上，言理，則天子不得以勢相奪；即相奪焉，而理則常伸于天下萬世。

用政權的力量來迫害知識份子，箝制言論自由，基本上是一種「理」與「勢」的鬥爭。表面上，短時期，「勢」往往居於上風，但「理」終將「伸于天下萬世」。掌管言論的當道，在禁令下達之前，不妨三復《呻吟語》中的這段話，就能知道「禁毀」的工作是如何的失人心，而又徒勞了。然而這個祖傳老法，卻依舊在網路的時代進行。

《胡適全集》的缺憾

二〇〇三年，安徽教育出版社出版了四十四卷（最後兩卷為著譯繫年）本的《胡適全集》，是目前胡適著作蒐羅最全的總集。除《胡適文存》及有關文史哲的著作外，兼收日記、書信及英文著作，約兩千萬字。

任何以《全集》名篇的著作，由於時空的轉移，人事的更迭，要想盡收一個作者的著作，有實際上的困難。更何況像胡適這樣一位著作宏富，寫作發表達五十五年的多產學者，不但交友遍天下，而且中英文同時發表，出版的地點及刊物，遍及中國、北美和歐洲，要想一無遺漏地盡收胡適的著作，有許多不易克服的困難。因此我們不但不在「求全」上責備編者，而且還要指出，《胡適全集》是多年來許多學者共同努力集大成的總合。標誌著胡適思想和「胡學」在大陸的再現，也是胡適研究界的一件盛事。

《胡適全集》不能盡收胡適作品，是意料中事，但有意的將違礙文字，剔除在外，而在序言中一字不提，這樣的做法，套用一句胡適的話，似有「誣古人，誤今人」之嫌。我在翻檢完《全集》之後，也不免「無不納悶，都有些傷心」了。改革開放三十年了，怎麼依舊容不下溫和穩健、不涉極端的胡適對時局和政局的幾句老實話？

一九四九年以後，胡適在學術上和文化議題上往往是復述當年舊話，而缺乏創見。唯獨在反共這一點上是他晚年的新境界，而《全集》則對這一部分，作了刻意地刪削。如一九四七年發表的〈我們必須選擇我們的方向〉，一九四九年〈陳獨秀的最後見解序言〉，〈民主與集權的衝突〉，一九五〇年〈共產黨統治下決沒有自由〉等文，在《全集》中都不見蹤影。胡適的英文著作也同樣難逃「禁毀」的命運，譬如一九五〇年，胡適發表在《外交事務》（*Foreign Affairs*）上極為重要的一篇文章，〈史達林雄圖下的中國〉（China in Stalin's Grand Strategy）；一九五四年，司徒雷登（John Leighton Stuart）《旅華五十年》（*Fifty Years in China*）的〈前言〉（Introduction）等等，都未入選。在這兩篇文章裡，胡適以一個歷史見證者的身分來說明一九四九年的這個變局，究竟是怎麼發生的。為「官修」的歷史之外，提供了另一個角度和說明。這對認識歷史真相，無疑是有幫助的，然而，這畢竟還是觸犯了忌諱，而被摒於《全集》之外。

所有歷代的禁毀、批判、打倒，究其真正的原因，都是來自當道對知識人思想的恐懼，是槍桿子怕筆桿子。胡適的書至今不能以全貌示諸國人，這正是胡適思想在中國大陸不曾過時最好的證明。一種已經過時的言論是無需禁毀的；受到禁毀，正是表示與當前息息相關。《胡適全集》少了反共的文字，就像胡適在《自由主義》一文中所說：「長板坡裡沒有趙子龍，空城計裡沒有諸葛亮。」

一九五四年胡適發表題為〈寧鳴而死，不默而生〉的文章，將范仲淹九百多年前在〈靈烏賦〉中的這兩句話比作與十八世紀的亨利（Patrick Henry）所說「不自由，毋寧死」（Give me liberty, or give me death）有同等的意義，都是人類歷史上，爭取言論自由的名言。二十一世紀中國人的一點言論自由，學術獨立，如果依舊要靠知識份子不怕死的脊梁來撐，那麼，近一千年來，中國人在言論自由上的進步又在哪裡？我們不能始終冒著生命的危險來「鳴」。范仲淹把「鳴」看成是「人臣」對「人主」的言責，所謂「死諫」是「寧鳴而死」的極致表現，這與其說是爭權利，不如說是盡職責。

一九四八年十月五日，胡適在武昌對公教人員發表題為〈自由主義在中國〉的演說，他痛切地指出：

> 中國歷代自由最大的失敗，就是只注意思想言論學術的自由，忽略了政治的自由。所謂政治自由，就是要實現真正的民主政治，否則一切基本自由都是空的。

這段話，在今天中國大陸十三、四億的人民看來，依舊是切中時弊的。沒有政治上的自由，不但「一切基本自由都是空的」，甚至經濟上的富裕，也成了一定的虛幻，因為個人財產，是和言論自由一樣神聖而不可隨意剝奪的。若因為思想上的問題而可以失去人身的自由，那麼，經濟上的富裕，對這個失去了自由的人而言，又有什麼意義呢？而今，每個人都有「免於恐懼的自由」。如果，為了說兩句話，表達一點不同的意見，依舊要用鮮血和頭顱來換取，那麼，過去三十年來，經濟上飛躍的進步就只能突顯出政治改革上驚人的滯後。

我們希望「寧鳴而死」的時代，已經成為歷史，現在我們爭取的是「鳴而不死」。只要有一個人為「鳴」而死，就是中國之恥！

二〇一〇年十月二十四日

第六章

百年新人物——傅斯年

傅斯年／達志影像提供

文｜黃達夫｜和信治癌中心醫院董事兼院長

遠見雜誌提供

我無緣親炙大師的教導與風采。不過，在我大學期間以及畢業後赴美，有機會讀到五四人物的事蹟，與台大學長或老師談起和傅校長的交往見聞軼事，他的一言一行都很令我感動。年事漸長後，對照自己的生命歷程，很難想像他英年早逝，卻有那麼飽滿的學識，那麼豐碩的成就，更加深了我對於傅校長的仰慕之情。

傅斯年先生字孟真，於民國三十八年至民國三十九年（一九四九年至一九五〇年）擔任台灣大學的校長，而我是在民國四十六年至民國五十三年（一九五七年至一九六四年）就讀於台灣大學醫學院，所以，我無緣親炙大師的教導與風采。不過，在我大學期間以及畢業後赴美，有機會讀到五四人物的事蹟，與台大學長或老師談起和傅校長的交往見聞軼事，他的一言一行都很令我感動。年事漸長後，對照自己的生命歷程，很難想像他英年早逝，卻有那麼飽滿的學識，那麼豐碩的成就，更加深了我對於傅校長的仰慕之情。

近日再度展讀傅校長在台大任內所寫的文字以及他的言行，深深令我心折，字字句句至今仍然閃爍著智慧之光。在我的心中，他是一個百年新人物。

六個理由談傅斯年

傅斯年先生是我極為心儀的民國人物之一。我寫傅先生的理由有六：他是一位追求真理、勤勉用功的理想主義者；他是一位勇於開創、擅長擘畫的利他主義者；他是一位熱情洋溢、勇於任事的實踐家；他是一位不畏強權，義無反顧的錚錚漢子；他是一位熱愛學生、扶持後進、改革社會的教育家；他是一位一介不取，廉潔清高的亮節之士。此外，他又是一位熱愛鄉土、熱愛國家的人，他在亂世中，時時以國家興亡安危為念，更使他為國人所敬重。

首談：追求真理

傅先生十一歲時，他的祖父陪他在家讀書，那一年就讀完十三經，奠定良好的國學基礎。他十八歲進北京大學預科，二十一歲就讀北京大學本科國文門（一九一六年），與同學羅家倫、毛準等二十人共同創立新潮社（一九一八年）。才華在北大早為師長所發現：

胡適之先生常常是很謙虛的說，他初進北大做教授的時候，常常提心吊膽，加倍用功，因為他發現許多學生的學問比他強。這就是指傅孟真、毛子水、顧頡剛等二、三人說的。（羅家倫）

傅先生對中國的古史研究有豐碩的成果，不只是在古書裡找材料，還親自參與殷墟的考古工作，投身於最沒有「實用價值」的領域，可見其為學問而學問的精神。反觀今日，大學往往以「應用」、以「科技」吸引學生，國家政策也以產業掛帥。長久以來，不但文史哲藝術科系，被社會及家長視為冷門；數學、物理、化學基礎科學也不被鼓勵，可見國內價值觀往錯誤方向推移。

傅先生不只追求學問，而是追求真理。接近真理的第一步，就是了解自己、認識自己。一九一九年，傅先生二十四歲，赴英國留學。坐船舶赴英國途中所寫的文章草稿裡，他說：

我這次往歐洲去，奢望甚多，一句話說，澄清思想中的糾纏，鍊成一個可以自己信賴過的我。（傅斯年）

傅先生過人之處在於懂得做學問必須講求方法的重要，他攻讀歷史，還學習科學。

那時候大家對自然科學，非常傾倒，除了想從自然科學裡面得到所謂的可靠的知識之外，而且想從自然科學裡面得到科學方法的訓練，認為這種訓練在某種學科以內固然可以應用，就是換了方向而來治另外一套學問，也還可以應用。（羅家倫）

的確，傅先生學習自然科學，與他的文史本行，在精神上是互相啟發的。他曾自言：「統計的觀點，尤可節約我的文人習氣，少排蕩於兩極端。」進入柏林大學哲學院進修後，接觸統計學、或然率、專研實驗心理學和量子力學後，更一掃中國知識份子最被人詬病的迂腐之氣，鴻鵠之志再也捆綁不住了。

留歐期間，德國史學界的蘭克學派對傅先生的影響是巨大的。蘭克（Leopold von Ranke，一七九五至一八八六）認為，史學家的任務是據事直書。要想做到這一點，就必須首先對史料進行批判檢驗，而考據史料當然必須精通史料的語文。因此，傅先生回國後主持的中央研究院歷史語言研究所，將「語言」與「歷史」並列，可見蘭克的精神，深深影響了傅先生的治學態度。

除了歷史本行，傅先生對於文學、哲學也無不涉獵。對於蕭伯納的戲劇，幾乎全都看過。他還幫助英國文學家威爾斯（H. G. Wells）撰寫《世界通史》（*The Outline of History*）中有關中國中古史的部分。可見他的英文造詣，以及他對中國史的評述，已達世界級的高度。

次談：勇於開創、擅長擘畫

胡適之先生曾說：

> 孟真是人間最希有的天才。他的記憶力最強，理解力也最強。他能做最細密的繡花針工夫，他又有最大膽的大刀闊斧的本事。

傅先生擔任台灣大學校長不到兩年，他為台大的貢獻不在一些旁支末節上，而在於大學精神的開創，以及強調大學的教育責任上。

傅校長以追求真理做為大學的至高精神；而更令人敬仰的是，做為一位教育家，特別提出：「我們接過來辦這個大學，無疑的應該把教育的任務看做第一義。」他說：

> 第一流的大學，不能徒然是一個教育機關，必須有他重要的學術貢獻，但是，也沒有一個第一流的大學，把他的教育忽略了，因為若果把他的教育忽略了，學生學不好，將如何貢獻？

他要求台大：「集中精力，改進本校各種通習科目，建設本校的教育制度，務使來校的學生，一進大門來，便得到第一流的教授教他們的普通課。」傅校長強調的普通課，也就是現在的所謂通識博雅課程（liberal education），他希望台大不只教出一群會讀書做研究的人，更期待培育一群「看破」名利，樂在工作、樂在服務的年輕人。

傅先生就是這樣一位摩頂放踵、高瞻遠矚的學者，自然對所謂「學者」更有識人之明，這也是他擔任台大校長時，最被稱頌的功績：

他最敬重讀書人，他聘請教員非常慎重，也可以說對於教員名義的給予，是非常吝嗇的。對於好的教授，他百計千方地邀請他；可是也有不少大力的什麼委員什麼長之類的人，欲在臺大求一教職而不可得。（屈萬里）

有許多毛遂自薦的人，經過詳細地談話之後，卻被他錄用了。（屈萬里）

傅先生雖然不是習醫，但是他在七十五年前，就以下文勉勵當時的醫學生：

我們知道看護是何等神聖的職業，在西洋社會上對這種職業是何等敬重。……公主瑪利並親身作看護。自朝廷至于民間，都敬重這一種服務。即以奈廷格女士論，她之有造于人類固然極大，而人類之以誠心與榮譽酬報她，也無以復加了。（傅斯年，一九三五年北平協和醫學院畢業式演講）

我一生從事醫學教育與醫療工作，過去二十年在國內常聽醫界同僚感歎，病人和家屬都是以成敗論英雄。病情好的時候，便說醫生高明；病況轉差，就質疑醫師不盡心。同僚的委屈雖有部分實情，但我總認為醫療是種志業，正因為醫者必須承受這樣偶爾發生的委屈，而不改做事的原則，才能受到社會的敬重，否則就和其他商業行為又有何差別呢！傅先生認為只要我們熱心地服務人，哪怕得不到社會的鼓勵，這一點也要「看破」：

我知道熱心服務的人，不怕窮，不怕苦，而怕社會之不獎勵。其實這一點也要看破，雖有不得目前的承認，日久是總得到安慰的。（傅斯年）

三談：熱情洋溢、勇於任事

傅先生留學英德回國之後，從三十二歲在廣州中山大學擔任文學院長開始，歷任中央研究院史語所所長、北大教授、中央研究院總幹事及台大校長。所任之職沒有一個是空銜，他不只在學術研究被視為天才；在每一個職務上也都勇於任事，他是一個凡事起而行的行動派學者。

傅先生方值弱冠之年，就能看見老百姓的道德墮落，是因為看事情缺乏邏輯辯證的能力，做事情就分不清對錯，容易受到人的左右，以致「不辨何者可為，何者不可為」有關。他說：

群眾對於學術無愛好心，其結果不特學術銷沉而已，墮落民德為尤巨。不曾研詣學問之人，恆昧於因果之關係，審理不瞭而後有苟且之行。（傅斯年，

《新潮發刊旨趣書》）

傅先生進入壯年之際，無論在學術研究上，或是在社會改革運動上，他雖熱情洋溢、發人之先，但他絕不是有勇無謀急進之徒，以下是一段傅先生反躬自省（reflection）之語，表現了知識份子如何徘徊在獨善其身與兼善天下之間的兩難。

> 近日又讀莊子，竭力自己為自己想開，何必一人懷千古之憂，一身憂國家之難。讀來讀去，似乎有些進步，此竅還是半通不通的。……我本以不滿於政治社會，又看不出好路線來之故，而思遁入學問。偏又不能忘此生民，于是在此門裡門外跑去跑來，至於咆哮，出也出不遠，進也住不久，此其所以一事無成也。（傅斯年）

在二次大戰期間，傅先生為他所負責的史語所搬遷至四川李莊，除了所務外，還為所內離鄉背景的同事找尋住處，讓他們能持續研究工作。又照顧生病的人，爭取他們的生活費、藥費，他關心國事，勇於參政，蠟燭兩頭燒，使他的高血壓不易控制，最後成為他致命的健康問題。

四談：不畏強權，義無反顧

傅先生五十二歲，主持史語所事務。那一年他在《世紀評論》發表〈這個樣子的宋子文非走開不可〉一文，痛陳：

「政治的失敗不止一事，而用這樣的行政院長，前有孔祥熙，後有宋子文，真是不可救藥的事。」蔣委員長就宴請孟真先生，想替孔祥熙說情。

「你信任我嗎？」蔣委員長問孟真先生。

「我絕對信任。」孟真先生答。

「你既然信任我，那麼就應該信任我任用的人。」

「砍掉我的腦袋，我也不能這樣說！」傅先生顯得有些激動，在座的人都失了色，蔣委員長也為之動容。不久，行政院長便換了人。（屈萬里）

傅先生不畏強權、義無反顧的性格，可說深受他的老師蔡元培先生的影響。我們對照傅先生處世的人格特質，很容易發現二人有神似之處。傅先生說，他受教蔡先生門下二十五年之長久，常見到蔡先生生氣責人的事。舉了與自己有關的二三事。他在北大讀書時，有一次傅先生匿名說人的不是，蔡元培立即糾正：

諸位在牆壁上攻擊某君的事，是不合做人的道理的。……至于匿名揭帖，受之者縱有過，也決不易改悔，而施之者則為喪失品性之開端。凡作此事者，以後都要痛改前非，否則這種行動，必是品性沉淪之漸。（傅斯年）

又有一次，有一位在留德學生中名聲不太好的學生，打電報給蔡先生，想要從萊比錫來看蔡先生，一群同學怕他來向窮得不得了的蔡元培要錢，主張去電謝絕他，以此意陳告蔡先生。

蔡先生沉吟一下說：「《論語》上有幾句話：「人潔己以進，與其潔也，不保其往也。與其進也，不與其退也，唯何甚！」你說他無聊，但這樣拒人於千里之外，他能改了他的無聊嗎？」于是我又知道讀《論語》是要這樣讀的。（傅斯年）

傅先生有這麼一位人生導師是他的幸運。在人生的開始，我們多麼需要像蔡元培先生這樣的老師給我們提點如此雍容敦厚的道理啊！

五談：熱愛學生、扶持後進、改革社會

五十四歲那一年，傅先生就任國立臺灣大學校長。我們從他在第一次校務會議的校長報告，就可以看出他恢宏的胸襟。他對大學精神的詮釋，至今仍為諍諍之言。太值得今天迷失在SCI論文發表數字，一心追求「世界百大」的大學校長，審慎重新思考大學的終極使命。

我們接收以後，是純粹的辦大學，是純粹的為辦大學而辦大學，……也不許把大學作為任何學術外的目的工具。如果問辦大學是為什麼？我要說：辦大學為的是學術，為的是青年，為的是中國和世界的文化，這中間不包括工具主義，所以大學才有他的自尊性。

台大從日據時代的台北帝大數百人，到傅校長任內已增加到三千多人。因此，大部分的學生沒有宿舍可住，影響學業至大。傅校長不只做到讓學生有地方住，他就像一位父親一樣，有時慈祥，有時也很嚴厲。學生認真上進，他會給零用錢鼓勵；學生不聽話，他要嚴格處罰，甚至逐出校門。他的學生回憶說：

平日校長對功課好的有種種獎勵，每年對成績優良者給獎勵開獎狀。假使你在學校裡出了亂子，校長第一件事就是叫註冊組送成績單給他，如果成績好的，不妨稍加考慮；如果功課糟糕，那你準得倒霉了。校長更注重同學的課外活動，凡是對康樂有貢獻的都給予津貼，每學期都舉行運動、論文、演說比賽。（學生趙元暉）

傅校長以「敦品、勵學、愛國、愛人」與學生共勉，並引用哲學家斯賓諾莎的話：「我們貢獻這所大學於宇宙的精神」。前者入世踏實，後者氣度恢宏。然而，今日的大學，認真教學的老師不受肯定；雖然有導師制度，卻沒有輔導（mentoring）及學習成效的評估，教評會也沒有學生的參與，對於學生日常生活的關懷就不用說了！校園裡更難呼吸到正氣凜然的空氣，實在令人感到遺憾。

在此，我特別要提起的是傅先生在改變台大和台大醫學院、台大醫院的關係上所做的事。先談傅先生對台大醫學院的觀察與他對醫學院和醫院基本的發展方向。

傅先生到台大，立即看到台大醫院的先天缺陷。「就醫院說，一個教授就是一個醫院，一切半獨立性。」「既以教授為單位，便以研究為第一件事。……但因研究而忽略治病是不對的。」所以傅先生提出：「我們要把看病當作第一件事，能看病才能研究！」他看到台大醫院當時的景況是「用美國好醫院服務的標準去說，是差得遠。」「現在台灣的護士之供與求，相差極遠。」因此，他要台大醫院走美國式的「醫院現代化」；而不要再持續日本制度。

另外，傅先生看到台大醫學院的後天失調。他發現「人才，尤其是領導之人才，還不夠數……。日本教授分期回國，台大未曾完全盡力補充。」而且他要的是真正的人才，不是請來「作教授便是權威」的人；而應該是「先成權威然後才作講座教授」。

傅校長的台大醫學院及醫院的改革方案包括：扶植、培育台灣省醫學人才；破除由幾十個教授各自獨立的「聯邦體」所組成的台大醫院，主張台大醫院要集中管理；台大醫院院長與台大醫學院院長兩者共同秉承校長來綜理院務。

傅校長的改革，簡單地說，就是要把進步的思想帶進台大醫學院；把日本帝大時期權威的思想趕出台大。這在當年以及現在看來，都是眼光獨到、魄力十足的做法。然而，因為傅校長早逝，真的是「人存政舉，人亡政息」，傅校長離開之後，他所主張真理至上、打破威權的任務，似乎不得貫徹。直至今日，講師承、論輩份的舊傳統，依然存在，實在令人惋惜。

六談：一介不取、高風亮節

傅校長的廉潔，幾乎到了令人心酸心疼的地步。以當年百廢待舉的台大，諸多建設正在計畫、正在施工，雖然當時政府財政並不寬裕，但台灣省政府主席陳誠曾特允新台幣一百億做為台大興建校舍之用，以當年物價，此數經費不可謂不多。但是傅先生個人竟然窮到得靠稿費才得以縫製一條綿褲取暖，可見其一介不取之高風亮節。傅先生之侄傅樂成說過這麼一段話：

他經常是囊空如洗的。某個月一大早晨，伯父在臥室中對伯母說：「有錢嗎？拿拾塊來。」伯母說：「就剩幾塊錢了，還得買菜。」伯父說：「那就算了！」過了一會，又聽到伯母問他：「到底要不要？我好去想辦法。」我在校中偶對同事提起此事，同事皆為之嘆息。誰能想到他們會為拾塊錢去「想辦法」呢？他對這種清苦的生活，總是安之如素，我從未見他向人哭窮過。（傅樂成）

風範猶存

傅先生雖然只活了五十五年，但是他的一生，可以說沒有虛度一寸光陰。他把自己奉獻給學術、奉獻給社會、奉獻給國家、奉獻給學生。他所努力堅持、一生奉行不渝的理想與目標，有太多令吾輩見賢思齊的地方。哲人其萎，大師不再的日子，寂寞之餘，讓我們從傅先生的一生溫故知新，為橫亙在眼前，挑戰我們的新時代，增添新的力量。

第七章

一代語言學大師——李方桂

李方桂／丁邦新提供

文｜丁邦新｜中央研究院院士

丁邦新提供

開展研究領域是一件極難的事。李先生一生做得最多的是關於洞台語的研究。在他以前，外國人的研究是比較零星的，從他開始從事大量的田野工作，他親自調查的方言近二十種，在這個堅實的基礎上擬測古台語的系統。這條路是開闊的，他拓展的這個領域已有許多後繼者踏著他的腳印前進。

從一個小故事說起

一九三七年日本發動侵華戰爭之前，美國耶魯大學敦聘中央研究院歷史語言研究所（以下簡稱史語所）的研究員李方桂先生赴美擔任三年的客座教授，那時候美國名牌大學聘請中國人去任教的真是鳳毛麟角，時代雜誌（*Time*）還寫了一段新聞。史語所的所長是傅斯年先生，他只能給兩年的假期。當時李先生才三十五歲，到耶魯講的是「中國音韻學」，答應兩年後回國。

想不到兩年後抗日戰爭已經如火如荼，但李先生答應過傅斯年，決定回國。李夫人不願冒在戰火中喪生的危險，想帶著一雙兒女投奔在義大利擔任代辦的哥哥徐道鄰。已經商量好了，這對夫妻到了旅行社，李先生說：「一張票回中國，三張票到義大利。」李夫人忽然說：「慢著，四張票都回中國！」

李夫人徐櫻女士系出名門，是徐樹錚將軍的幼女。在這個真實故事裡，有朋友的一諾千金，有夫妻的情義相隨，有知識份子共赴國難的情懷，讓人動容。

一九三九年國府各機關已從南京撤退，遷往長沙、昆明、四川。李先生全家回到還是租界的上海，再從越南轉抵昆明。傅斯年親自迎接，故友重逢，莫逆於心。李先生從此投入了抗日的苦難，也開啟了他學術救國的新頁。

由醫科轉攻語言學

李方桂先生是山西昔陽人，一九〇二年生於廣州，祖父跟父親都是前清進士。他十九歲時（一九二一年）考進清華學校醫預科，一九二四年以優異成績赴美深造。同年秋季，進入密西根大學。由於在醫預科攻讀拉丁文及德文，引發他研究語言學的興趣，於是改讀語言系，插班大三。

李先生在密大修讀了拉丁文學、古英語、中古英語方言、日耳曼語文學、哥特語（Gothic）、古高地德語等等。兩年後（一九二六年）畢業，取得語言學學士學位。隨即進入芝加哥大學語言學研究所，當時芝大是美國語言學最強的學校之一。他在德文系修讀古南部德文、古北部德文、冰島文、古挪威文。他的老師德語語文學家Carl Darling Buck教他「希臘拉丁比較語法」、古波斯語、古教會斯拉夫語、古保加利牙文、立陶宛文等；結構派開山大師Leonard Bloomfield教他日耳曼語音位學和構詞法、跟日耳曼語句法學、派尼尼語法等；人類學家語言學大師Edward Sapir，教他語音學、田野調查法、美州印第安語等。Sapir同時引導李先生閱讀「漢學」方面的著作，討論漢藏語、緬語、泰語、藏語的問題，並帶他作田野調查，實地記錄印第安語。一九二七年，李先生取得碩士學位，一九二八年又取得博士學位。三年連得三個學位，這大概是少見的記錄。得到博士學位後，Buck教授推薦他申請獎學金到哈佛，在哈佛他選修了吠陀梵語，讀梵語佛經，然後又到歐洲遊學三個月。

李先生的三位老師都是名師，尤其Bloomfield跟Sapir在美國語言學界都是數一數二的大師。從求學的過程看來，李先生受他們的影響很大，得到完整的印歐語比較研究的訓練，讀書的範圍既深且廣，不是普通人能夠望其項背的。到一九七七年，李先生已經七十五歲了，完成了他的鉅著《比較台語手冊》，扉頁上所寫的就是：紀念我的三位老師：Leonard Bloomfield、Carl Darling Buck、Edward Sapir。

投入少數民族語言研究

一九二九年，李先生學成歸國，船到上海的時候，中央研究院院長蔡元培派人到船上接他，為他訂了旅館。第二天在家裡宴客，陪客有中央研究院的總幹事楊銓、地質學家李四光等。後來史語所所長傅斯年從北京趕來，談得非常投契。他們敦聘李先生為史語所的研究員。當時李先生才二十七歲，從此跟中央研究院結下了終生的情緣。他在美多年，一直算是請假出國，但他多數的文章都在《歷史語言研究所集刊》發表。如果不是蔡元培的禮賢下士，傅斯年的推重異常，相信就不會有這一段佳話。

李先生到史語所的時候，擔任研究員的只有傅斯年、趙元任、陳寅恪、李濟、羅常培等五位先生，都是當時最富盛名的學者。就是這些學者把中國的史學、語言學、考古學推上現代的人文科學之路，使得科學的東方學的正統回到了中國。

語言學方面就有三位，除李先生之外還有趙元任（一八九二至一九八二）跟羅常培（一八九九至一九五八）。他們三位先生用五年的時間翻譯了高本漢（Bernhard Karlgren）的法文著作《中國音韻學研究》，在一九三六年完成。一方面讓中國的讀者能夠看到歐洲人用歷史比較法研究隋唐的音韻，一方面以譯注校正高本漢的若干錯誤。

中央研究院的史語所是一個永久性的組織，有一個研究語言學的團隊，他們三位領航者在這個領域發揮了巨大的影響力。當時趙先生研究漢語方言，羅先生偏重傳統音韻，李先生就另闢新路，研究漢語的上古音，並選擇漢語以外所謂「非漢語」的少數民族語言作為大的方向。

從一九二九到一九三七這八年的時間裡，李先生調查過海南島的瓊崖方言，發現有吸氣音；研究藏語，發表過藏文前綴音對於聲母的影響；最主要的是決定研究少數民族語言中的台語，現在又稱傣語。台語不是臺灣的閩南語，而是指泰國、寮國、越南北部、緬甸東部以及中國東南部的許多語言。因為泰語有文獻資料，一九三三年李先生先到泰國學習泰語，一九三五年以後就在廣西等地大量調查台語，前後接近十年。大致的情形簡列如下：

時間	地點	語言及方言
一九三五至一九三六	廣西	天保土語、龍州土語、武鳴土語、西林、田州、百色、凌雲、遷江、柳州、中渡、永淳等地的僮語
一九三六至一九三七	雲南	擺夷話、傣仂語
一九三九	雲南	剝隘方言（仲家話）
一九四〇至一九四一	雲南、貴州	台語方言、羊黃話、獨山土語
一九四二	貴州	水家話、莫家話

值得注意的是一九三九年以後的工作是他從耶魯回國之後所作的，那時又發現洞語，洞語指貴州東南部的四種語言，跟台語合成「洞台語族」。在抗戰時期那麼惡劣的情況之下，還做了那麼多田野調查，這就是上文所說的知識份

子報國的一種情懷。

從一九四三到一九四五年，李先生借調到成都的燕京大學教書。一九四六年哈佛大學請他赴美任客座教席。後來他在給我的一封信中說：「一九四六年又赴美到哈佛。那時國事日非，到一九四九便有家歸不得了。」

有家歸不得的書生在美國另起爐灶，他在哈佛兩年以後，又到耶魯一年。然後就接受西雅圖華盛頓大學的聘約，從一九四九年到一九六九年整整工作了二十年。榮休之後又到氣候宜人的夏威夷大學任教，直到一九七二年，他七十歲時再度退休。

李先生一生獲得許多榮譽，一九四八年當選中央研究院第一屆院士，語言學方面就是他跟趙元任先生兩位。一九五〇年當選美國語言學會副會長。一九六九年他六十五歲時有三個第一流的學報出專號為他祝壽：一個是《歷史語言研究所集刊》、一個是德國的《華裔學誌》（*Monumenta Serica*）、還有一個是美國的*International Journal of American Linguistics*，特別說明為他在印第安語言研究方面的貢獻出專輯祝壽。一九七二年他的母校密西根大學頒贈名譽文學博士學位。一九七六年香港中文大學又頒贈名譽文學博士學位。一九八五年泰國朱拉隆功大學頒贈榮譽銀盾獎，特別推崇他在台語歷史比較研究方面的傑出貢獻。

語言學的突破性成就

語言學界尊稱趙元任先生為「漢語語言學之父」；尊稱李先生為「非漢語」語言學之父。這兩個榮銜可以大致說明兩位大師研究的重點。西洋人談論一個人的學術成就時，非常注重他的突破性的研究成果（所謂breakthrough），以下就從這個觀點來談李先生的成就。

李先生留學時早已讀過瑞典學者高本漢討論漢語上古音的書和法國人馬伯樂（Henri Maspero）的論文，但他對漢語音韻學的認識並不深，所以回國後用了不少時間徹底閱讀清朝人的論著。不久就寫出有名的文章〈切韻â的來源〉，一九三一年在《史語所集刊》發表。在這篇文章裡，他利用詩經韻和諧聲字來證明切韻一等的â在上古有兩個來源：a和ə。從紛亂的材料中整理出清楚的頭緒，最重要的是李先生獨到的眼光。這大概是國人寫的第一篇科學的上古音的論文，有突破性的發現。

差不多就在同時，李先生又研究藏文，他在芝加哥大學時已經讀過Jaschke的《藏英詞典》，在哈佛遊學時又學習過高級梵文和藏文。一九三三年就發表了《藏文前綴對詞根聲母的一些語音影響》。這篇文章主要討論古藏語中許多「詞頭」（前綴音）對於字根聲母的影響，顯示有些送氣和不送氣互補的清音其實是因為詞頭的緣故。由於加上詞頭後使得字根聲母產生語音性的變化，使人難以分清字根的原形。這是有關藏語語音研究方面的第一篇科學論文。

一九三五年以後在他大量調查台語方言之後，發表過幾部專著，如《龍州土語》和《武鳴土語》，但最有突破性的發現是以下的四篇文章：

第一、一九三四年他發表《The Hypothesis of a Pre-glottalized Series of Consonants in Primitive Tai》（原始台語中帶喉塞音聲母的假設）。李先生給古台語擬測了一套帶喉塞音的聲母：ʔb-、ʔd-、ʔj-，這套聲母跟喉塞音一樣對於聲調有同樣的影響，在許多方言裡都變成b-、d-，但是卻讀陰調。這就使得古台語有四套同部位的塞音：p-、ph-、ʔb-、b-。

第二、一九五四年李先生發表〈Consonant Cluster in Tai〉（台語中的複輔音）一文，在普通的pl-、phl-、phr-以外又擬測了tr-、tl-、thl-、thr-等複聲母。當時這只是推測，有些學者不以為然。想不到後來的田野調查竟在泰國東北部的Saek語中發現tr-、tl-、thr-等複聲母的存在。

第三、一九六二年他發表了《台語系聲母和聲調的關係》，根據台語各方言間聲母和聲調的關係，推定古台語的聲調分成清濁兩類，而且從四聲演變為後來的八調。這是推翻馬伯樂台語聲母分三類的舊說。

第四、一九七〇年，他寫了《Some Tonal Irregularities in the Tai

Languages》（台語中聲調的不規則演變），從聲調不規則的演變推斷台語中也有四聲別義、清濁別義的現象，這一個發現非常重要，對於漢語和台語是否有親屬關係有非常重大的影響。

晚年李先生發表了《A Handbook of Comparative Tai》（比較台語手冊），那是他集大成的著作，把幾十年的研究做一個總結，給原始台語擬測整個的音韻系統，並討論這個系統到現代台語方言的演變。當然，這又是一項突破性的貢獻。

一九三〇年代寫過三篇上古音的文章以後，李先生就沒有再寫關於漢語音韻的文章。到一九七一年，他發表〈上古音研究〉一文，既綜合幾十年來許多人的研究，又提出完全嶄新的擬測。其中最高明的是擬測了一個i、u、ə、a四元音的系統；擬測了一套圓脣舌根音的聲母：kw-、khw-、gw-，把合口音整個去掉；並用t-、tr-、tj-等來區別三套不同的聲母等。經過幾十年的研究，這是一部令人耳目一新的著作。從一九七一年之後，幾乎所有的上古音著作無不參考李先生的這篇大作，所以他的這篇長文實在是一項劃時代的著作。

以上所說的「突破」主要在台語研究方面，其次在漢語的上古音，再其次在藏語研究。尊稱李先生為「非漢語」語言學之父只是就他最有成就的學科而言，其實他對漢語同樣有非凡的貢獻。除了上古音之外，他在一九三七年的英文《中國年鑑》上有一篇〈中國的語言與方言〉的文章，在一九七三年《中國語言學報》上重印。主編王士元特別說明：

從一九三七年以來，李先生的這篇文章一直被認為是討論中國方言的標準參考論文。雖然在過去的三十年裡，對於好些個別的方言我們具有比較詳細的了解，但李先生涵蓋性的輪廓在實質上仍然是正確而有用的。

提攜後進，開啟研究新方向

李先生對學術的影響可以分兩方面來說：培養人才和開闢新路。

李先生早年訓練了許多優秀的人才，一九三九年跟他在一個實驗團隊裡一起做田野調查工作的有傅懋勣、張琨、丁聲樹、馬學良。在史語所的學生有董同龢、邢公畹等。這些人分散在海峽兩岸，領導了學術的發展。傅懋勣專攻台語，後來是中國社會科學院民族所的領導；張琨是苗瑤語的權威，後來接替趙元任先生在加大柏克萊校區的職位；丁聲樹早負博學的盛名，似乎沒有做少數民族語言的研究，但他在古漢語研究的方面眾口交譽，是社會科學院語言研究所最受尊敬的領導者之一；馬學良是彝語的專家，後來在中央民族大學主持少數民族語言的研究；邢公畹也研究台語，後來在南開大學執教。可以說這些學者受到李先生的影響，繼承了史語所的學術傳統，並發揚光大，分別調教出許多語言學界的後起之秀。

董同龢先生隨國府遷到台灣，一直在史語所工作，同時在台大兼課。他研究音韻學，偏重上古音跟中古音；其次是方言學，尤其是閩語的研究；最主要的是台灣南島語，也就是台灣原住民的語言，開啟了南島語研究的大方向。在這三方面董先生都有傑出的貢獻。他的學生有龍宇純、杜其容、鄭再發、鄭錦全、丁邦新、梅廣、嚴棉等。董先生曾經說過，他文章裡謹嚴的地方是李先生的訓練，不該說話的地方就不說話。

一九四九年之後，李先生一直在美國，晚年他收了三個學生：一個是我，在華盛頓大學跟他念博士；一個是李壬癸，在夏威夷大學上他的課；一個是龔煌城，在德國得到博士後受到李先生的賞識。李先生鼓勵並安排我們三人回國到史語所工作，分別從事漢語、南島語、漢藏語的研究。後來也各有所成，先後都當選了中央研究院的院士，奠定了中央研究院主持語言學研究的基礎。他在給我的一封信裡說：「我一生受師友的栽培，所以也不敢虧待我的後學。」—何止是沒有虧待，指導提攜讓我們終生受益。

開展研究領域是一件極難的事。李先生一生做得最多的是關於洞台語的研究。在他以前，外國人的研究是比較零星的，從他開始從事大量的田野工作，他親自調查的方言近二十種，在這個堅實的基礎上擬測古台語的系統。這條路是開闊的，他拓展的這個領域已有許多後繼者踏著他的腳印前進。

在洞台語以外，李先生對漢藏語的研究也是開創性的，早在一九五一年他就寫過《藏漢系語言研究法》，一九七六年他寫〈Sino-Tai〉（漢語—台語）一文的時候，就列舉了許多漢語和台語意義相關的詞彙，值得注意的是他也加注了若干藏語的資料。漢藏語比較研究方面跟著他做的人不少，最有成就的是龔煌城。但漢語和台語是否有親屬關系還在眾說紛紜的階段，以後還有長遠的路要走。

臺灣的南島語是豐富的寶藏，李先生是做田野調查的第一位中國學者。一九五六年發表《邵語記略》。日本學者早就研究臺灣的南島語，中國學者繼李先生之後做研究的先有董同龢先生，後有李壬癸，都有可觀的成績。

專精中見廣博

李方桂先生生於一九〇二年，比民國大九歲。在語言學的領域裡有一位生於一八九二年的趙元任先生，名氣比李先生還大。我沒有選擇趙先生代表百年人物的理由，一方面因為民國成立的時候，趙先生已經十九歲了；另一方面因為趙先生有多方面的成就，並不是專注於語言學的研究。在調查中國方言、推行國語、研究中國文法之外，還翻譯外國文學、提倡科學、創作新風格的音樂等等，他譜的歌曲「教我如何不想他」就膾炙人口、傳唱一時。而在語言學方面，李先生的學問博大精深，可說是專精裡有廣博；趙先生的貢獻則是廣博裡有專精，不在語言學一個領域。

李先生不僅自己的學問做得傑出，樹立了令人景仰的典範；在培養人才方面也盡心盡力，尤其難得的是眼光看得遠，能開闢研究的新方向，使語言學這門學問在海峽兩岸得以發揚光大。在中華民國百年的歷史裡這是不朽的貢獻。

第二部

戮力民國

蔣介石

張君勱

蔣廷黻

胡宗南

蔣經國

第八章

議論常公於身後——

從蔣介石日記看蔣介石

蔣介石／達志影像提供

文｜郭岱君｜史丹佛大學胡佛研究院研究員

郭岱君提供

世人但見蔣介石的成敗榮辱，但很少能真正進入他的內心世界。隨著日記的公開，蔣介石本人以及二十世紀的中國都有了新的面貌、新的評價。中外學者不但肯定他是個愛國的民族主義者，也紛紛透過日記去體會他一生的理想與奮鬥，以及中華民族經歷的挑戰與困厄。

一九〇九年，正在日本振武學堂就讀的蔣介石加入同盟會不久，寫了首小詩明志：

騰騰殺氣滿全球，力不如人萬事休！
光我神州完我責，東來志豈在封侯！

這首詩可以說是蔣介石的代表作，他一生的志趣、抱負、性格、甚至於命運，盡在其中。

一九一一年十月武昌起義，蔣介石正在高田日本陸軍第十三師團第十九聯隊服役，聽到這個消息，立刻請假回到中國，參加革命。他率領敢死隊進攻浙江巡撫衙門，拿下杭州，並活捉浙江巡撫曾韞。

民國十三年（一九二四年）奉孫中山之命創辦黃埔軍校，從此展開他大起大落的一生事業。東征、北伐、抗日、帶領中國廢除不平等條約、名列世界五強，抗戰勝利時，他的聲望在國內外都達到頂峰。

民國三十四年（一九四五年）雙十協議後，他卻在短短三年內迅速從高峰跌到谷底。國共內戰節節敗退，失城讓地，眾叛親離，最後丟掉了中國大陸，敗走臺灣。歷史並沒有在這裡停住，到了臺灣的蔣介石，帶領國民黨及中華民國政府迅速從灰燼中站起來，創造出「臺灣經濟奇蹟」，讓世人刮目相看。

蔣介石自民國四年（一九一五年）開始寫日記，迄民國六十一年（一九七二年）七月二十一日為止，前後五十七年，從未中斷。日記涵蓋的歲月，正是中國從專制落後的社會轉型為近代工商社會的歷程，期間發生的重大事件，他無役不與，而且是主導人物。他的日記內容豐富，數量龐大，字字句句牽動著近代中國的奮鬥與掙扎，是瞭解蔣介石以及二十世紀中國的珍貴資料。

蔣家後人在民國九十四年（二〇〇五年）十二月將六十三冊蔣介石日記原件「暫存」胡佛研究院檔案館。早期的日記嚴重損壞，潮濕黴爛，幾乎無法展開。胡佛檔案館修護、整理、並以微縮膠捲保存，自九十五年（二〇〇六年）三月開始，逐年開放，現已全部對外公開。

這些日記填補了中國近代史的若干空白，也帶領我們進入蔣介石的內心世界。日記中的主人是個不一樣的蔣介石——既不是國民黨宣傳的「超凡入聖的偉大領袖」，也不是共產黨長期批判的「獨夫民賊、人民公敵」。他是個有血有肉、活生生的人物。

愛國的民族主義者——忍辱負重，積極備戰

首先，他是一個不折不扣的民族主義者，一生都堅定地維護中國的尊嚴和領土完整。從民國十七年（一九二八年）五三濟南慘案開始，每天日記右上角一定寫上「恥」或「雪恥」，四十八年未曾改變。他稱日本為「日倭」，日記中經常表達與日本勢不兩立的決心。

九一八事變後，他深知「中日必將一戰」，因為「倭所要我者，為土地、軍事、經濟、與民族之生命。」❶但是，中日實力懸殊，倉促應戰，必是自取敗亡。

> 此次對日作戰，其關係不在戰鬥之勝負，而在民族精神之消長，與夫國家人格之存亡也。……。徒憑一時之興奮，不具長期之堅持，非惟於國無益，而且反速其亡。❷

他心中明白，這場不可避免的戰爭，爭的不是勝負，而是民族精神及國家人格。但是，他需要時間備戰，還要引誘日軍南下，與日本做長久戰。

如何爭取時間備戰？首先是遷都，同時積極備戰。先是考慮洛陽、西安，

最後決定遷都重慶。但西南在軍閥的控制中，他的軍隊無法進入。他與德國顧問研究，想到一計：

若為對倭計，以剿匪為掩護抗日之原則言之，避免內戰，使倭無隙可乘，並可得眾同情，乃仍以親剿川黔殘匪以為經營西南根據地之張本，亦未始非策也！❸

於是他的軍隊追著紅軍進入西南，並以重慶為陪都。

除了「藉剿共以安定西南」外，還要韜光養晦，爭取時間備戰。這個想法不能明說，因為表面上還是要與日本虛與委蛇，但是在日記中寫的清楚：

以和日掩護外交，以交通掩護軍事，以實業掩護經濟，以教育掩護國防，韜光養晦乃為國家唯一自處之道乎。❹

從九一八事變到七七抗戰爆發這六年，國民政府做了許多國防經濟建設及軍事準備。例如，派孔祥熙與德國祕密簽訂《中國農礦產品與德國工業品互換實施合同》，以德國的工業產品、兵工廠、武器裝備換取中國農礦產品和原料。德國還提供軍事顧問。前德國參謀長陸軍上將塞克特（Hans von Seeckt）擔任國民政府的軍事總顧問，並由他的副手法肯豪森將軍（Alexander von Falkenhausen）負責中國軍隊的重整與訓練。

國民政府還修訂陸軍法典，將步兵兵器標準化；設立兵工廠，擴充空軍的飛機；公布兵役法，開始徵兵；並派宋子文、孔祥熙、蔣廷黻等分赴美、英、蘇等國，爭取外交支持。此外，積極在各省修建公路、完成浙贛、粵漢鐵路、改革幣制等等。

表面上看起來是消極抗日，其實是積極備戰。而這一切，只能做不能說。「攘外必先安內」政策受到全國各界的質疑與責難，尤其是知識份子與青年學生，遊行、示威此起彼落，蔣介石非常痛苦：

> 茹苦負屈，含冤忍辱，對外猶可，對內猶難，何黨國不幸，使我獨當此任也！[5]

民國二十二年（一九三三年）塘沽協定簽訂不久，他知道國人很難理解，在日記表明心跡：

我屈則國伸，我伸則國屈。忍辱負重，自強不息，但求于中國有益，於心無愧而已。❻

他和德國顧問計畫多爭取幾年時間，裝備八十個德械師，民國二十五年（一九三六年）九月二十六日，他在日記寫道：「三年之內，倭寇不能滅亡中國，則何患其強迫，但此時尚不可不隱忍耳。」可惜，他沒有三年的時間，因為三個月之後發生西安事變，打壞了他的這盤棋，中國提早和日本攤牌。

領導抗戰——堅忍不屈，終獲最後勝利

民國二十六年（一九三七年）盧溝橋事變全面抗戰爆發後，蔣介石一改之前與日周旋、拖延開戰的做法，堅持抗戰到底，積極調兵遣將，並下令沿海各省所有大學將師生撤退到內地。

他清楚中國沒有能力抵抗日本，在日記中不斷斟酌應戰的良策：

孤注一擲，一敗之後將永無復興之望了。因此，我們現在對於日本只有一個法子，就是做長期不斷的抵抗。……若是能抵抗三年五年，我預料國際上總

有新的發展。敵人自己國內也一定有新的變化，這樣我們的國家和民族，才有死中求生的一線希望。❼

這裡所說的「國際上的新發展」指的是蘇聯。蔣介石深知日俄均是中國的大患，「俄狡而倭暴，吾中華實處其中。」❽他期望日俄開戰，也曾提議與蘇聯結盟，但遭史達林拒絕。他在日記表達對蘇聯的不滿：「尤以對俄問題處理為難，蓋國之禍患有隱有急。倭患急而易防，俄患隱而叵測也。」❾

中國獨立抗日，蔣介石的策略是：以持久戰打破日本速戰速決的方策；以空間換取時間，拖垮日本。因此，他開闢淞滬戰場，誘日軍南下，迫使日本進攻的方向由南北軸心改為東西軸心。

民國二十六年八月開始的淞滬之戰，死傷慘重，蔣介石把他最精銳的德式裝備部隊全數送上前線，結果喪亡近三分之二。上海失守，南京接著淪陷，不少黨政要員對抗日灰心，汪精衛、孔祥熙、胡適、蔣夢麟都認為這個仗沒法打，數度有議和之議，而日本也多次表達和談之意。蔣介石堅持中國主權獨立、領土和行政權的完整、以及日方必須全面撤軍，否則無法和談。他認為委屈求和將置國家民族於永遠的束縛之中：「國民革命精神與三民主義，只有為中國求自由與平等，而不能降服於敵。訂立各種不堪忍受之條件，以增加我國家民族永遠之束縛。」❿特別強調在大難大節上，必須有所堅持：「抗戰方針，不可變更，此中大難大節所關，必須以主義與本黨立場為前提。」⓫所以必須破釜沉舟，「與其屈服而亡，不如戰敗而亡之為愈。」⓬

他堅信只要中國不屈服，必能得到最後勝利：「制倭之道在我以毅力與信心堅持到底，即堅忍不拔之志必取得最後勝利。」⓭他分析日本軍事特性：「倭寇民族特性急而短，而其軍事學術非德式即法式，皆以短兵白刃速戰速決為性能，」⓮所以中國隊戰略就該是「應以堅韌、忍耐、延緩，持久之道，致其死命也。」⓯雖然在軍事上無力打敗日本，但他堅信日本必敗，只要中國不承認失敗，一心將日本拖垮，同時等待國際情勢的變化。

民國三十年（一九四一年）十二月八日他終於等到了這個機會。日本偷襲珍珠港，美國對日宣戰，當天蔣介石記下：「抗戰政略之成就，本日達於極點，物極必反，能不戒懼？」⓰多年的堅忍奮鬥與對日戰爭的精心籌謀，中國終於等到國際情勢的變化，不再孤軍抗日。

但日本的攻勢未曾稍減，武漢淪陷後，南昌、南寧、常德一路敗北，大半江山淪於敵手，而中共的困擾層出不窮，對外還要應付英、美的需求，每天面對巨大的壓力，蔣介石經常「憂惶不能眠」。尤其是一九四四年長沙會戰以及接下來的衡陽保衛戰期間，他「憂心如焚」⓱，幾乎每天夜不能眠，曾一夜三次起床禱告。實在沒有辦法時，只能寄希望與上帝：「願主賜我衡陽戰事勝利，當在南嶽頂峰建立大鐵十字架一座以酬主恩也。」[18]他甚至想到自殺：「余已盡一切可能力量，如今只能靠上帝了；倘此役不幸失敗，余只有自殺以對國人。」[19]

壓力不僅來自戰場上敵人。民國三十四年（一九四五年）九月，他與史迪威爭執難解，羅斯福要他把中國軍隊的指揮權全部交給史迪威，否則美國將停止一切援助。這樣的侮辱，令他抱頭痛哭，難以自持：「余實已心碎精疲，幾不能久持。……此種橫逆與恥辱之來，實為有生以來未有之窘困。」[20]他堅持國家主權及尊嚴不能放棄，電請羅斯福召回史迪威，即使失去美援，中國仍堅持獨立抗日，羅斯福只得退讓，另以魏得邁將軍取代史迪威。

八年艱苦抗戰，民國三十四年八月十日終於傳來日本投降的消息。重慶鞭炮聲不絕於耳，全中國人人狂歡的時刻，他卻高興不起來。想到被抗戰拖得民窮財盡、千瘡百孔的國家，還有蠢蠢欲動的中共，他憂心忡忡：「此心但有憂懼與恥辱，毫無快樂之感。」[21]甚至預期「未來艱巨，十倍於抗戰。」[22]

洞悉問題，深切反省

他的預言不幸成讖。勝利後隨之而來的國共內戰，帶給他無盡的憂懼與恥辱。國民黨的軍隊一敗塗地，而且眾叛親離，最後失掉了中國大陸。

蔣介石是個在失敗中能不斷反省的人。他十分注重個人的反省，日記中不但有「本週反省錄」，還有「本月反省錄」、「本年反省錄」，民國史專家楊天石教授認為他的日記「某種程度上，可以說是他反省的記錄。」[23]

其實蔣介石瞭解國民黨的困境，也知道農民及土地問題是中國社會的根本問題。民國二十一年（一九三二年）他在日記中表示：「土地問題……在設施新法，實行耕者有其地主義。」[24]抗戰時也曾在浙江、湖北試行「二五減租」方案，但均因戰亂而夭折。

他經常思考為什麼國民黨在許多地方難與共產黨競爭的原因。民國二十八年（一九三九年）三月曾親擬問卷，要求黨員回答，提出的問題都切中要害。例如：「本黨為何組織、宣傳、訓練都比不上共黨？本黨黨員為何不肯深入民眾做基層工作？本黨為何不能掌握青年？大學教員為何要反本黨？」[25]

他也看到國民黨結構上的問題，曾想從根本來改造國民黨。日記中提到想把國民黨改名為「中國勞動國民黨」，只有勞工、農民、軍人、或有農村服務經驗的，才能取得黨員資格。[26]看到中共黨章關於黨員與群眾聯繫的條文，他覺得「殊有價值，本黨誠愧不逮。若不急起直追，則敗亡無日矣。」[27]這些檢討，直指國民黨的弊端，可惜戰火連天，沒有機會實施。

民國三十七年（一九四八年）夏開始，國民黨在內戰戰場上節節敗退，蔣介石更加不斷反省失敗的原因。尤其是民國三十八年（一九四九年），這一年是他一生最痛苦、最悲慘的時候，在日記中有許多自責，例如「愧悔無地自容」，「遁跡絕世，了此一生。」[28]

一月二十二日他下野的第二天就檢討失敗的原因：「此次失敗之最大原因，乃在於新制度未能適合現在之國情與需要，而且並未成熟與建立，而舊制度已放棄崩潰。在此新舊交接緊要危機一刻，而所恃以建國救民之基本條件完全失去。」他認為「今後立國建軍，以確立制度為最重要。」[29]

十一月底，整個大陸都失掉了，僅剩下西南一角，蔣介石在重慶指揮作戰，而重慶也岌岌可危。他羞愧自責，曾多次想到自殺，在日記寫道：

> 黨與國由總理一手創造，由中正一手完成，余愛此黨此國，甚於愛子，豈僅視如至寶而已。時至今日，由余養育完成之黨國，而由余毀滅之，此境此情，將何以堪！如果黨國果真絕望，則尚有此殘軀立足之餘地，其將有何面目

見世乎！[30]

然而，蔣介石不是一個在逆境中低頭的人，他要戴罪補過：「所造罪孽，不能怨天尤人，只能待罪補過，以求自贖。」[31]民國三十八年底，他對一連串的失敗做了綜合的反省。[32]除了外交、軍事、財經、黨務各方面的失誤之外，他認為，勝利後選擇實行民主憲政的時機過早，中國「未及民主程度而硬行民主」，以致黨員如脫韁之馬，不可收拾。[33]

他也檢討自己「輕浮急躁」[34]，個性太強，「凡大小政策，無不自信自決，以致無人進言。」[35]

還有，國民黨當政二十年，黨政機構只重做官，不注意實行三民主義，「對於社會與民眾福利毫未著手」，因此，「此後要以民生為基礎，亡羊補牢，尚不算晚。」[36]

值得一提的是，他很少把失敗歸咎中共，都是責怪自己及國民黨。他認為最根本的原因是制度不立，黨員及幹部失去對三民主義的信念，以致紀律敗壞，沒有國家觀念和民族意識，故而不戰而降，一敗塗地。

民國三十八年之後，他在臺灣積極推動黨的改造與重建，設立「革命實踐研究院」；成立「國民黨中央改造委員會」，從黨的組織及理念上做徹底的改革；吸收農工、青年、婦女、知識份子和企業家入黨，建立黨內「小組」，強固黨員的聯繫。對照他的作為與日記，無不是他多年來想做、該做、而未能做的事。

此外，民國四十年（一九五一年）開始實施地方自治，舉辦台灣縣市議會、縣市長、省議員選舉，擴大國民黨在台灣的社會基礎。於此同時，排除萬難推行土地改革，並展開經濟改革，十年之內，改計畫經濟為市場經濟，奠定臺灣日後經濟發展以及政治民主化的基礎。

讀書修身，以聖賢自期

勇於反省，得自於他長年注重修身、以聖賢自期的習慣。蔣介石早年是個浮浪不羈的革命黨，自命為豪傑，四處奔走革命，民國元年（一九一二年）更刺殺光復會領袖陶成章。自民國十一年（一九二二年）永豐艦事件後，立志修身，嚴格自律，並以聖賢自期。和宋美齡成婚後，生活更加規律，加以在國民黨和國民政府內地位不斷提高，他的聖賢意識愈來越愈強。他自承：

從前只以豪傑自居，而不願以聖賢自待。今日乃以聖賢自期，而不願以豪傑自居矣。[37]

他的生活幾乎是千篇一律：早起、靜坐、讀書、自省、飲食簡單、菸酒不沾、愛情專一、後來又增加禱告。他的日記幾乎都是這樣開頭的：

> 凌晨起床，靜坐……。機詐、貪妄、求全、色欲，諸機未絕也。專靜純一之心略凝，和平虛明之象，似有進步也。午前看報、整書。午後點楚辭。晚外出……十時起靜坐二八分時。後入寢。[38]

> 六時半起床看政治學，靜坐數分時心動不安，無論讀書說話議事皆覺衰弱不壯，此老弱之狀非靜敬澹一之箴持之有恆不能革命也。[39]

此外，他幾乎每天讀書，而且隨時隨地讀書，在戰場上、舟車中、病中，都利用一切機會念書。民國二十八年（一九三九年）五月重慶大轟炸時，他在防空洞內還讀黃宗羲的《明儒學案》。

他也讀《共產黨宣言》、《馬克思學說》，多次閱讀《列寧叢書》，認為其論點細密，頗有道理。[40]

他視三民主義為畢生志業的藍本，一讀再讀。他也喜歡中國傳統作品，常讀王陽明、曾國藩、胡林翼的著作，也讀資治通鑑、王船山、顧亭林、張居正的作品。最欣賞胡林翼，「看胡（林翼）集，其言多兵家經驗之談，千古不易之論，非知兵者不能言，亦非知兵者不能知其言之深微精確也。」[41]

勤讀書、重修養使得他對人、對事的見識異於當時的軍閥。軍閥往往限於一隅之利害，但蔣介石日記顯示，他有較高的視野，看問題較能從多方面的角度來考量。例如他早在民國十二年（一九二三年）就看出中國之患在北邊，而蒙古問題是關鍵。他對政治、經濟、社會各種問題都有相當涉獵，對國際大事亦有其見地。例如：民國三十年（一九四一年）六月十八日德國與土耳其簽訂友好條約，他在日記中預測：「德之攻俄必不出數日矣。」四天之後，果然德國進攻蘇聯。

矛盾掙扎，一如常人

日記顯示，蔣介石的喜怒哀樂、堅強或軟弱，一如常人。他的行為與思想偶爾也會出現掙扎與矛盾。他痛恨日本人，稱他們為「日倭」，但是他常常訓示部屬，要向日本學習；勝利後，甚至聘請日本教官來訓練國軍。中國共產黨是他一生最大的敵人，總是稱他們為「匪」，但他敬佩共黨的紀律與效率，也想學習共黨的農工、婦女、及青年工作。他自己一生廉潔簡樸，但卻對屬下的貪汙腐化無能為力。他自律甚嚴，但是在人事及外交決策上，有時卻跳不出家人（孔、宋）之間的拉扯。他敏感易怒，經常暴跳如雷，但在重大關節上卻又展現出超人的冷靜。

蔣介石最後的歲月，老病衰弱，雙手顫抖難以握筆。明知軍事反攻的希望渺茫，但是他仍心念光復大陸，信仰與信心堅定一如既往。民國六十年（一九七一年）底，病中的蔣介石歪斜地寫著：「此為一最黑暗之時期，但余對光復大陸之信心毫不動搖，且有增無已。確信上帝與真理和我同在也。」民國六十一年（一九七二年）七月二十日，他寫道：「心緒煩悶，大丈夫能屈能伸。」七月二十一日，也就是他最後的日記：「今日體力疲倦益甚，心神時覺不支，下午安國來訪後，與經兒車遊山上一匝。」第二天他就因感冒轉為肺炎住進醫院，從此未能再提筆。

議論常公於身後

世人但見蔣介石的成敗榮辱，但很少能真正進入他的內心世界。隨著日記的公開，蔣介石本人以及二十世紀的中國都有了新的面貌、新的評價。中外學者不但肯定他是個愛國的民族主義者，也紛紛透過日記去體會他一生的理想與奮鬥，以及中華民族經歷的挑戰與困厄。

蔣介石領導貧窮落後的中國，傾全國之力，以全中國為戰場，與強大的日本侵略者周旋近十四年，最終贏得勝利。這樣艱難、龐大的社會動員，在中外歷史上，少有先例。

不僅如此，中外歷史上找不到一個政黨徹底失敗後，而能在另一個地方重生，並創造出耀人的政績。蔣介石做到了。內戰慘敗，不少國民黨要員懷憂喪志，或去國離鄉、或投共、甚至自殺，唯獨蔣介石，絕不自戕塞責，一心戴罪補過，重新再來。

到了臺灣，他帶領國民黨及政府，痛切反省與改革，迅速重整旗鼓，創造舉世聞名的臺灣經濟奇蹟，不但奠定了臺灣民主化的基礎，更成為中國大陸經濟改革參考的典範。這樣的峰迴路轉，恰如蘇東坡過世數十年後獲得孝宗皇帝的讚語：「經綸不究於生前，議論常公於身後。」

註

❶ 蔣介石日記，一九三一年十月七日，胡佛研究院檔案館。以下所引日記，均為胡佛研究院檔案館所藏。

❷ 蔣介石日記，一九三一年十月七日。

❸ 蔣介石日記，一九三四年十二月二十九日。

❹ 蔣介石日記，一九三三年七月四日。

❺ 蔣介石日記，一九三五年十一月六日。

❻ 蔣介石日記，一九三三年六月三日。

❼ 蔣介石一九三三年四月十二日在南昌主持軍事整理會議時的講話。

❽ 蔣介石日記，一九三七年九月三十日。

❾ 蔣介石日記，一九三八年一月一日。

❿ 蔣介石日記，一九三七年十二月二十八日。

⓫ 蔣介石日記，一九三七年十二月二十九日。

⓬ 蔣介石日記，一九三八年一月二日。

⓭ 蔣介石日記，一九三八年十一月二日。

⓮ 蔣介石日記，一九三八年十一月二日。

⓯ 蔣介石日記，一九三八年十一月十一日。

⑯蔣介石日記，一九四一年十二月八日。
⑰蔣介石日記，一九四四年八月七日
⑱蔣介石日記，一九四四年七月二十五日。
⑲蔣介石日記，一九四四年五月二十九日。
⑳蔣介石日記，一九四四年九月三十日。
㉑蔣介石日記，一九四五年八月十二日。
㉒蔣介石一九四五年八月十三日在中樞機關國父紀念週的講話。
㉓楊天石，《找尋真實的蔣介石（三）》，香港：三聯書店，二〇〇九，頁四六三。
㉔蔣介石日記，一九三二年五月十三日。
㉕蔣介石日記，一九三九年三月二日。
㉖蔣介石日記，一九四二年十月十四日。
㉗蔣介石日記，一九四五年七月十六日。
㉘蔣介石日記，一九四九年五月十七日。
㉙蔣介石日記，一九四九年一月二十二日。
㉚蔣介石日記，一九四九年十一月二十八日。
㉛蔣介石日記，「民國三十八年反省錄」。

㉜反省的內容見蔣介石日記，一九四九年一月「本月反省錄」；一九四九年二月三日；一九四九年五月二十七日；一九四九年九月八日；及「民國三十八年反省錄」。

㉝蔣介石日記，一九四八年九月十七日。

㉞蔣介石日記，一九四九年五月二十七日。

㉟蔣介石日記，一九五五年十月三日。

㊱蔣介石日記，一九四九年二月三日。

㊲蔣介石日記，一九三六年十一月十日。

㊳蔣介石日記，一九一八年一月八日。

㊴蔣介石日記，一九二八年二月二日。

㊵蔣介石日記，一九二一年十一月二十一日。

㊶蔣介石日記，一九二二年三月二十五日。

第九章

張君勱與中華民國憲法

憲政體制發展的關鍵——

張君勱／維基百科提供

文｜薛化元｜政治大學歷史系 台史所合聘教授

薛化元提供

張君勱確實是影響現行中華民國憲法最關鍵的人物。雖然憲法在形式上，維持了五院制，也還存在國民大會，但是在實質上，則與根據孫中山遺教制定的「五五憲草」，大異其趣。就像當年梁漱溟指出的，在政治協商會議討論憲法草案修改原則時，張君勱：「用偷梁換柱的巧妙手段，保全五權憲法之名，運入英美憲政之實」。

張君勱這個名字，在我們讀書的時代，在教科書中是名不見經傳，大概專攻中華民國政治史或是近代中國思想史的人對他才有些印象。因此在「人間四月天」紅透全台灣的時候，有一位研究近代思想史的學者說過：「要向人介紹張君勱，就說是戲裡徐志摩元配張幼儀小姐的二哥好了。」不過，就學術而言，或是就歷史而言，如果要提到中華民國憲法，張君勱可是個關鍵角色。譽之者稱為「中華民國憲法之父」，諷之者則稱中華民國憲法為張君勱一人之憲法，可見其對中華民國憲法內容的影響。

究竟張君勱是如何與中華民國的制憲史發生關係，又如何成為鼎足輕重的人物呢？

成為立憲（改革）派要角的Dr. Chang

張君勱，中國江蘇省寶山縣人，本名嘉森，以字行，另外立齋、士林、君房則是他早年的筆名。他接觸到西方語言和近代學術，始於光緒二十三年（一八九七年）在廣方言館就讀時。光緒二十八年（一九〇二年），他拿到公費到日本留學學理化，而在梁啟超指出政治、法律、經濟、武備是顯學的時代，他決定放棄理化而改習法政，進入早稻田大學政治經濟科讀書。光緒三十三年（一九〇七年），梁啟超組織政聞社，張君勱便加入其中，不久更成為正式追隨梁啟超的重要份子，直到梁啟超過世為止。當時他也投稿到《新民叢報》，賺取因公費中斷所需起碼的生活費，直到其停刊為止。而就在此時，張君勱在某些時候已經開始成為梁啟超私人的代表，代表梁啟超返國進行政黨、立憲活動。

而在早稻田大學留學期間，他不僅閱讀日文的書刊，也透過他之前學習的英文，直接閱讀英文資料，補充日文學習的不足，同時也學習了三年的德文，奠定他後來留學德國的基礎。而學習的內容，除了政治學、憲法、國際法之外，還有財政學、經濟學。縱使如此，張君勱在日本並沒有取得博士學位，後來兩度赴德留學也沒有博士學位，他參加政治協商會議的學歷介紹也是早稻田大學學士。那麼，為何最晚在民國十四年（一九二五年）出版的《中國名人錄》（*Who's Who in China*）就提到他被稱為Dr. Chang？根據當時文獻的記載，大家稱他博士，乃是認為他的學問與資格和博士相符。至於最早的淵源，則可溯源自他早稻田大學畢業後，回到中國參加清廷為留學生舉辦的科考。雖然這次考試輕視法政，使他居於不利的地位，不過，他考試的成績相當好，主試者特別加了他文憑的評定成績，使張君勱得以名列優等，被授與翰林院庶吉士，成為「洋翰林」。不過，這只是他政治生涯的一個插曲，追隨梁啟超才是基調。

辛亥革命發生後，張君勱返鄉擔任寶山縣議會的議長外，便大力主張立憲派必須與袁世凱聯合，認為袁氏較革命黨穩健。但是，袁氏當政的結果，卻是使蒙古脫離中國的隱含危機浮上檯面，為此，張君勱發表「袁世凱十大罪」，結果以言賈禍，便在梁啟超等人的鼓勵下，民國二年（一九一三年）赴德國柏林大學攻讀政治學博士學位成為自我流亡海外的異議份子。直到中國國內蔡鍔等人發動護國軍，討伐袁世凱稱帝變更國體的行為，他應梁啟超電召，放下了撰寫中的博士論文返國。

返國後，張君勱乃是在認定德國必將失敗，力主對德國宣戰，希望藉此舉來挽回中國的利權，此一主張主要透過梁啟超影響了段祺瑞。而在張勳復辟失敗後，張君勱追隨梁啟超，支持段祺瑞解散舊國會，另開新國會。不過，梁啟超的研究系終究只是配角，在現實政治上仍遭到排擠。藉著與權力核心的政治人物合作，希望能促成改革理想的政治路線頓挫。而民國初年以來的立憲工作，也遲遲沒有進展。

民國七年（一九一八）年底，張君勱應梁啟超之召，參加具有中國出席和會代表團顧問性質的考察團。而這次赴歐後，張君勱就留在德國讀書，而且受到德國「唯心論」哲學相當大的影響，這也是他回中國後，民國十二年

（一九二三年）與胡適、丁文江進行著名的科學與玄學論戰的原因。但是，此次留德，張君勱十分熱心地觀察德國、俄國在戰後的發展，則是使他在中國成為憲法專家的關鍵。

引進西方現代憲政思想的尖兵

此次留德期間，張君勱在《解放與改造》、《改造》發表一序列的通訊與文章，討論中國的未來走向和介紹德、俄等國的新制度及轉變。當時最早引進德國的威瑪憲法及蘇聯革命後的憲法的人，是張君勱，而他不僅引進憲政思潮，更開始他構思整體憲政架構，起草憲法草案的工作。

當時，許多中國的知識份子被俄國大革命所吸引，心儀不已，張君勱則認為德國具有社會革命先驅的地位。他慧眼看出了威瑪憲法在世界憲法史上的重要地位：美國憲法代表了十八世紀盎格魯薩克遜民族的個人主義，法國第一革命的憲法則代表了十九世紀民權自由的精神，而威瑪憲法則是二十世紀社會革命的潮流。而且，這部憲法也深深影響了張君勱國家基本藍圖設計的取向。

由於威瑪憲法重視國民主權的公民投票設計，使得張君勱深切認識到，過去中國過度重視議會職權（議會主義）的設計的問題，且為了避免軍人控制國會，乃正式提出中國未來憲法的設計，應該仿效德國實行直接民主政治，才能有效杜絕中國的亂源。至於中國現實上沒有條件實施，則可以先由省的地方議會、商會、農會、學會，實行「相對的直接民主」。此一認知，很快地便表現在其後張君勱設計的國家基本藍圖上，直到「政治協商會議」為止。

民國十年（一九二一）年底，張君勱帶著這次旅歐所得的新知識，陪同「講學社」聘請來華演講的杜里舒（H. Driesh），啟程返回中國。他雖然後來回憶說，此時興趣在哲學，起草憲法乃是受人請託。但是在回國前夕，他便總結其在此次留歐期間對各種政治、社會制度的心得，寫下「懸擬之社會改造同志會意見書」，這也是他第一次提出較全面性的國家基本藍圖雛形。其中，威瑪憲法的憲政制度設計，以及對社會權的注重，對張君勱的影響，已經透過這篇文章展現出來。

國家基本藍圖的構思與訓政體制的批判

張君勱返回中國之後，與梁啟超及其追隨者一樣，改從聯省自治的方向著手，來思考中國的前途，而放棄了他民國初年以來「單一國」體制的主張。因為此一政治主張的調整，使張君勱能夠接受上海國是會議的委託，起草了以德國威瑪憲法為主要範本的「國是會議憲法草案」。

這一部憲法草案，奠定了張君勱在討論中國憲法草案領域的重要地位。不僅影響了稍後「曹錕憲法」，連在國民政府北伐之後，國民黨一黨專政的時期，楊永泰也曾因此代表蔣中正，邀請他參加國家基本藍圖的規劃工作。隨著聯省自治運動的失敗，張君勱希望北京政府可以先制定憲法再選舉總統。民國十二年（一九二三年）曹錕「以制憲為詞，以重賄為餌」，於十月當選大總統。無論是為了履行制憲的宣示，或是為了替曹錕的賄選粉飾，國會旋即完成「中華民國憲法草案」（又稱「曹錕憲法」）的二讀、三讀程序，並於民國十二年十月十日曹錕就職大總統日公布。這部「曹錕憲法」共十三章一百四十一條條文，雖是中華民國第一部正式的憲法，卻因為曹錕賄選的行為備受各方批判，使得這部憲法又被稱為「賄選憲法」，未獲得各界的尊重也無法落實。不過，這部憲法受到張君勱之前起草「國是會議憲法草案」相當的影響，而從民國三十五年（一九四六年）制定的中華民國憲法仍可看到他的影子，因此，亦有人稱之為現行中華民國憲法之「骨骼」。

國民政府消滅北京的中華民國政府，確立以《總理遺教》作為訓政時期統治的基本規範，並由中國國民黨掌握最高政治權力，「以黨領政」進行「黨治」。原本對革命黨就無好感，加上國民革命軍接收他的學校，甚至連掛他名字的書都不准出版，更使其對一黨專政下中國民主憲政的未來感到憂心。面對一黨專政，張君勱採取對訓政體制大力批判的立場，力主實施民主政治，強調言論結社自由，反對以黨治或軍治的名義剝奪人權。另一方面，張君勱也與中國青年黨的李璜合作，擬請梁啟超擔任黨魁，來統合曾琦及張君勱為首的不同之反對一黨專政的政治力量。但因梁啟超逝世，終究無法實現。而張君勱則因其政治立場，遭到政治綁架，腳也在此一事件受傷，被迫再次赴歐。

外患下的組黨與政治選擇

民國二十年（一九三一年）九一八前夕，張君勱應燕京大學司徒雷登（L. Stuart）邀請返回中國講學。他與長期的同志，也在燕京大學任教的張東蓀，聯絡梁秋水、羅隆基等人在同年十月成立「再生社」，作為組黨的準備。張君勱與同志會商後，認為憲政黨名義太舊，主張代以國家社會黨。這一方面是他戰後留德期間受威瑪體制下社會民主主義影響，另一方面則是因為國難方殷，有提倡國家觀念的必要。

在此一期間，國民政府視國社黨為非法政黨，視張君勱為康梁餘孽，加以打壓。不過張君勱和他的同志，仍然尋求各種關係，爭取地方實力派人物的奧援，以求取宣傳期政治理念的空間。而民國二十一年（一九三二年）五月，以記者名義發表的「我們所要說的話」中，便提出了類似憲法架構的九十八條主張。民國二十六年（一九三七年）七七事變之後，張君勱與蔣中正、汪精衛交換「私人函件」（一般人多指稱此為兩黨互換函件，但在蔣、汪的信中看不到政黨的象徵），在某種意義上國民政府承認國社黨的存在後，才稍有好轉。

由於面對日本嚴重的威脅，張君勱深感中國有存亡危機，因此也曾主張建立舉國一致的政府，並支持國民黨的領導。但是對張君勱而言，舉國一致強調軍事、政治的統一是一件事情，保障言論、思想自由也是相當重要的。追求民主憲政的可能，反對一黨專政，始終是他心中的大事。因此，就在抗戰期間，他仍然會找機會以實際的行動來表達相關的意見。其中影響最為深遠的，乃是民主（政團）同盟的成立，張君勱對於成立民盟的參與程度，可以從在他私人寓所討論民盟成立事宜，看出端倪。

而在國民參政會中，張君勱對追求民主憲政的實現，並沒有因為抗戰而完全放棄。他與章伯鈞、左舜生等人，在參政會中提案，要求改革政治，並在抗戰期間即行制定憲法，實施憲政。太平洋戰爭爆發後，更要求成立真正的民意機關，監督政府行政革新。而針對國民黨主導在民國二十五年（一九三六年）制定的「五五憲草」，張君勱和其他民主黨派代表，除了批評「三民主義共和國」的規定，不當地排除其他政治主張外，對於「五五憲草」最大的質疑，在於政府體制及國民大會的職權。因為國民大會代表現實上是屬於後者，卻宣稱是行使「直接民權」，不僅在學理上大有商榷的餘地，更是妨礙了西方代議民主制度在中國實現的可能。此外，欠缺近代「立憲主義」的權力分立與制衡要件，亦是嚴重的瑕疵。在「五五憲草」中，國大代表擁有選舉總統、副總統、監察委員、立法委員、考試委員等權力；同時，行政、立法、司法、考試、監察五權皆必須對國民大會負責。然而，國民大會並非常設機構，自然產生嚴重的體制失衡現象。在此狀況下，不受制衡而手握行政權的總統職權設計，也是張君勱所不能接受的。

從政協憲草到現行中華民國憲法

二次大戰結束後，在中國國內輿論的期待，及美國積極介入的情況下，國共進行談判。十月十日由雙方代表發表簽署的「雙十會談紀要」，主張召開政治協商會議。民國三十五年（一九四六年）一月包括國民黨、共產黨、青年黨、民主同盟（含民社黨）及社會賢達五方面代表參加政治協商會議。會中「合意」通過由憲法草案組提出的「政治協商會議修改五五憲草原則」十二項，成為「政協憲草」的基本架構。而其主要構想則由張君勱所提出，並得到孫科的支持。

就其內容而言，保持了五權憲法的形式，實質上則根本改變了「五五憲草」的精神。由全體國民組成的國民大會，不僅國民大會無形化，也能真正落實直接民權。另一方面，則以「議會內閣制」的精神，規定行政院對立法院負責，大幅縮小總統的權限，同時擴張地方自治的權限。此一修改原則雖然遭到國民黨六屆二中全會的強力批評，而被迫做了三項修正，國民大會有形化，「倒閣」及解散立法院的規定被取消，各省制定省憲法改為自治法規。

雖然同意國民大會有形化，張君勱則力主國民大會除了選舉、罷免總統、副總統及修憲權外，不得有任何權力，否則不惜與國民黨決裂，讓中華民國憲政體制難產。在妥協折衝以後，他仍一再指出，以全體公民組成國民大會，才能落實直接民權的理想。至於另一主張，則是行政院必須對立法院負責，避免當時國民政府與行政院的兩層樓政府，縱使最後結果，立法院的倒閣權完全被取消，代之以美國總統制的「否決權」（veto）之設計，他還是強調，採取美國總統制行政部門穩定的長處，但行政院仍必須對立法院負責。

根據政治協商會議的決議，則由政治協商會議五方面（國民黨、共產黨、青年黨、民主同盟及社會賢達）各推五人組成「憲草審議委員會」，由孫科擔任召集人，憲法草案的初稿則由張君勱起草，送交憲草審議委員會討論。根據政治協商會議的決議，必須先組成聯合政府，再召開國民大會制憲。不過，當國民政府宣布制憲時，各黨派組成聯合政府並未完成，因此遭到共產黨、民主同盟以程序不合法為由抵制。蔣中正領導的國民黨當局為了維持民主的形象，積極尋求其他黨派共同制憲。反共的青年黨率先同意，但以張君勱領導的民社黨共同參與為條件。張君勱則在雷震及國民黨各方遊說下，勉強同意在蔣中正總裁致函保證通過「政協憲草」下，三黨參與制憲。由於民社黨乃民主同盟的一份子，參加制憲將引起與民盟立場一致的黨員不滿，是張君勱幾經痛苦掙扎才下的決定，心中矛盾依然存在，雖然國民黨方面的強力邀約，他個人則選擇拒絕出席制憲國大。

民國三十五年（一九四六年）十一月二十八日，國民政府主席蔣中正向制憲國民大會提出憲法草案和咨文時，也針對答應張君勱的承諾，公開表示，「五五憲草在今天是不適用的」，贊成國民政府提出的憲法草案（即政協憲草）的立場。但是傾向「五五憲草」的國民黨代表占了絕大多數，在審查會時試圖恢復根據孫中山遺教的「五五憲草」。張君勱表示，為此民社黨將不惜退出制憲國民大會，並要求蔣中正總裁履行承諾。最後，國民黨強力動員翻案，在民國三十五年十二月二十五日通過以「政協憲草」為藍本的現行中華民國憲法。

中華民國憲法體制的特色與爭議

如果把「國是會議憲法草案」與「政協憲草」對照之下，可以發現許多原本是威瑪體制色彩的設計，為具有美國憲法色彩的新設計所取代，其中尤以司法制度最為明顯。司法院作為最高法院的制度設計，希望使人民得以在訴訟過程中，即可因「違憲審查」制度，排除違憲法律的適用，保障人權。此一立場在進入二十一世紀以後，透過大法官會議的解釋，得以凸顯。但是，由於法律為依照大法官釋憲而修正，因此，仍然只是理想。另一方面，在整個制憲的過程中，他對社會權也顯得不熱衷，在政治協商會議討論十二項憲草修改原則時，他便沒有主動觸及此一本為威瑪憲法特色的範疇。而現行中華民國憲法將相關主張置於基本國策章，也與基本權的性質有所差異。

至於爭議最大的，則是攸關總統與行政院長權限的制度。實際上，張君勱早在民國三十五年（一九四六年）制憲國民大會還沒有決定召開之前，便公開提出憲法設計的是「總統有權，內閣有責」制，而雖然採取「議會內閣制」，總統仍有包括「用人權」在內的實權。其內涵在某種意義下，就如立法院長孫科向制憲國大的報告時指出：根據向制憲國大提出的憲法草案設計的意思，乃是行政院向立法院負責，「總統的責任由行政院長負擔，可以避免總統與立法院直接衝突」，而「行政院仍受總統指揮」。之所以如此，就張君勱而言，他所謂的「內閣制」本來就不是國人現在熟悉的虛位元首的英、日型「議會內閣制」，而是擁有實權的。[1]在憲政制度上與德國威瑪憲法較為類似（法國第五共和為其當代版），或是可以上溯英國早期內閣體制的內涵。只是中華民國憲法排除「政治協商會議修改五五憲草原則」中總統直選的設計，改為國民大會選舉產生，權力與正當性是否均衡，便有商榷的餘地。[2]

無論喜歡或不喜歡，張君勱確實是影響現行中華民國憲法最關鍵的人物。雖然憲法在形式上，維持了五院制，也還存在國民大會，但是在實質上，則與根據孫中山遺教制定的「五五憲草」，大異其趣。就像當年梁漱溟指出的，在政治協商會議討論憲法草案修改原則時，張君勱「用偷梁換柱的巧妙手段，保全五權憲法之名，運入英美憲政之實」。近代意義下的憲法，要求保障人權，國家統治機關根據權力分立、制衡原則組成的要件，才大致得以存立。而在強人威權體制統治的年代，這部憲法則成為反對人士要求政治改革的主要依據之一。在某種意義下，正凸顯了張君勱與中華民國憲政體制發展的關係。

註

❶關於總統權力問題，不僅制憲國民大會有當時立法者如孫科的解釋，張君勱自己在日記或是公開文章中有相類的紀錄，縱使在一九五〇年代大力反對總統擴權的雷震，在當時的文章和專書中，也抱持相似的見解。

❷此一問題乃複雜的西洋憲政史問題，國內憲法學者中，以許志雄教授對此著墨最深。

第十章

一位中國史學家與外交家之典範——

蔣廷黻

蔣廷黻／聯合報系提供

文｜邵玉銘｜前公視、華視董事長

邵玉銘提供

中國近代學人從政例子不勝枚舉，但是能夠在從政工作上將所學做最淋漓盡致的發揮，恐怕蔣氏為第一人；在學術與外交兩個範疇能夠同時登峰造極，恐怕蔣氏也是第一人，從這個角度來看，也許蔣先生對其一生志業應無遺憾。

蔣廷黻於一八九五年（光緒二十一年）出生於湖南省邵東縣。小時先接受舊式教育，後接受基督教會在湖南湘潭所辦的益智學堂。一九一一年（十六歲）受洗加入基督教並前往美國留學。先赴密蘇里州派克（Parkville）中學；一九一四年進入俄亥俄州奧柏林學院（Oberlin College）主修歷史，獲文學士學位；後進入哥倫比亞大學攻讀歷史，一九二三年獲哲學博士。旋即回國，先後任天津南開大學、北京清華大學教授。

從南開到清華共十一年教學生涯，在學術界被譽為中國近代史研究的拓荒者。美國哈佛大學費正清教授在一九三〇年代來華，對蔣氏以師待之，奠定其研究中國外交史的基礎，一生對蔣氏極為推崇。

史學研究巨擘

在清華服務期間，由於師資堅強，為國內史學系之翹楚。他主要的著作有：《最近三百年東北外患史》、《中國近代史》、《近代中國外交史資料輯要》、《蔣廷黻選集》、《蔣廷黻回憶錄》等。因其在中國外交史研究的成就，被選為中央研究院院士。史學家何炳棣對他五萬餘字的《中國近代史》感歎說：

你看一本薄薄的《中國近代史》，將史料都吃透了，融合在他對歷史的獨特看法之中。半個世紀以來，又有幾本近代史著作超過了它？當今專為獲獎的『皇皇巨著』，通通加起來也不及這本小冊子的分量。

蔣先生的學術成就，被列為南開大學史學研究八十年的四大導師之一，其他為梁啟超、鄭天挺、雷海宗。

一九三二年，蔣廷黻與胡適等人共同創辦《獨立評論》雜誌，是一九三〇年代在士林中最有影響力的雜誌。撰稿的大學教授包括丁文江、錢端升、張佛泉、羅隆基、吳景超、陳之邁、張君勱、陶希聖、張奚若等著名學人。大家論點或各有不同，但都充分反應高級知識份子對國事的關心。

一九三五年受蔣中正先生之賞識，任命為行政院政務處長。一九三六至一九三八年任駐蘇聯大使，一九四五年任駐聯合國常任代表，一九六一年任駐美大使兼駐聯合國代表，一九六五年十月病逝於紐約，享年七十歲。

根據他的著作，尤其是一九六五年由文星書店所出的六冊《蔣廷黻選集》，以及參閱其他學者專家對其一生志業之評述，我認為蔣先生對中國近代國事與發展有許多極為透徹而有遠見的看法，他的重要看法有以下幾項。

關於中國近代發展六大洞見

第一，他對中國知識份子的評論

對民國成立以來到一九三〇年代政局之混亂與敗壞，他認為中國知識份子應負最大責任：

> 中國內亂之罪，與其歸之武人，不如歸之文人。文人在一處不得志者，往往群集於他處，造出種種是非，盡他們挑撥是非之能事，久而久之，他們的主人翁就打起仗來。

他這種看法與胡適一樣。他更批評知識階級的政治活動不可靠「口頭禪」。他說：

> 我們現在除中國固有的制度和學說以外，加上留美留英留法留德留俄留日的學生所帶回的美英法德俄日的各時代各派別的思想和所擬的制度，我們包有中外古今的學說和制度了。難怪這些東西在我們的胃裡打架，使我們有胃病。

他特別指出：

> 蘇俄革命以前的十餘年，俄國政黨之中最有勢力的莫過於立憲民治黨（Constitutional Democratic Party，簡稱Cadets）。當時俄國的知識階級幾全屬於這一黨。他們所提出的政治方案即普選、國家主權在國會、責任內閣及人權與民權。這個方案與俄國百分之八十的人民——農民——全不關痛癢。……他們的宣言，很像中國學生在學校裡標語一樣，是對團體以內的；對於外界就絕無影響了。在俄國歷史上，這一黨惟一的貢獻是為共產黨開了路。盡了這點義務以後，它就成了廢物。中國的知識階級大可不必蹈俄國立憲民治黨的覆轍。

這是蔣先生在一九三〇年代對中國知識份子提出的警告。他萬萬沒有想到一九四〇年代後期，中國的自由主義份子，尤其是「民主同盟」人士，就扮演了俄國立憲民治黨的角色，做了中國共產黨的開路先鋒。

第二，他認為中國的問題是內政之不修，而非帝國主義之入侵

他說：

我覺得中國的困難十之六七是中國人自造的；中國復興的障礙大部分是在於自己，而不在彼白色的或赤色的帝國主義者，這些障礙的掃除大部分須靠我們自己的努力。譬如：論吏治，我們不能說，官吏的舞弊是帝國主義者指使的；論教育，我們不能說，學潮的爆發，教員的兼課和缺課，學生的求學位而不求學問等等是帝國主義者指使的；論出版界，我們不能說，辦報和辦雜誌的人之拿談戀愛及罵人來迎合讀者的心理，是帝國主義者所指使的。

他認為國家必須自身健全，帝國主義才不能征服中國，他說：

亦猶人之身體，如本身健全，則病魔自不能侵入。是以打倒帝國主義，惟有大家努力，各方面均有實效，假若徒托空言，則帝國主義永無打倒之希望。

對於九一八事變，他指出：

九一八事變為什麼在民國二十年的九一八發生呢？一則因為彼時遠東無國際勢力的均衡，二則因為日本人知道彼時中央為江西共黨所累，為西南反蔣運動所制，絕無能力來抵抗。

他認為在三〇年代，我們必須要整頓內部，要有全盤的規劃和充分的準備來對付日本的侵略，因此我們這時候必須要妥協。他指出，從鴉片戰爭到八國聯軍，「六十年之內有五次對外的戰爭，不能算少了，如果中國近代史能夠給我們一點教訓的話，其最大的就是：在中國沒有現代化到相當程度以前，與外人妥協固吃虧，與外人戰爭更加吃虧。」

他的結論是：

> 處今日而作政論的人的第一責任，據我看來，是集中力量來幫助和督促政府實行現代化。如政府不走這條路，我們不妨光明正大的以內政問題來批評政府，推倒政府。

蔣廷黻這種國家自強以勤修內政為先的看法，與胡適所講中國之積弱來自「五鬼亂中華」（貧窮、疾病、愚昧、貪汙與擾亂），而非來自於帝國主義，是一致的。

第三，中國必須要有一個能夠統一全國的強大政府

他說：

國力的精神元素最要的莫過於精誠團結，而團結的最低限度和初步實現是政治統一。所謂統一，就是一個國家只有一個政府和一個軍隊。於國府之外去另設政府，或是於國軍之外去另組軍隊，這是最毒的減殺國力的方法。

其次他認為中國需要經濟的統一。不過，他說：

政治和經濟的統一尚不過是精誠團結的外架，其內心是民族一體不可分離的精神。這是國力的中堅，也是國防最不可破的一線。

蔣氏急盼中國能有一個強大的中央政府，如此國家現代化的建設方有可能。他心目中最恨各地軍閥割據，他說：

每逢統一有成功可能的時候，二等軍閥就連合起來，假打倒專制的名，來破壞統一。……破壞統一的就是二等軍閥，不是人民，統一的問題就成為取銷二等軍閥的問題。他們既以握兵柄而割據地方，那麼，唯獨更大的武力能打倒他們。

對於蔣氏此一理論，胡適替蔣廷黻解釋說：

這樣看來，蔣先生所要的「專制」，原來並不是獨裁的政治制度，原來不過是希望一個頭等軍閥用武力去打倒一切二等軍閥。

不過，胡適不認為「中國今日有能專制的人」，但是蔣廷黻強調說：

中國今有無其人，我也不知道。不過我們要注意，我所注重的是能統一中國的人。

由於這個緣故，一九三五年，蔣中正欣賞其才華及見解，聘請他擔任行政院的政務處長，他認為蔣中正是可以追隨的人，從此，蔣廷黻離開學術界，進入政府。

抗戰末期，蔣氏思想由支持國民黨的一黨獨大，轉變為支持自由主義。一九四四年，蔣廷黻在〈觀美國並回觀祖國〉一文中說：「經過這次世界大戰，無疑的全世界多數人士將信自由主義優於任何派別的全能主義。」他又指出：「美國人現在想：一個有政治自由的國家固然不能說就是天堂，一個無政治自由的國家卻是地獄了。」

到了一九四九年，國民政府在內戰中失敗，該年十二月，蔣廷黻聯絡張君勱等在美國的自由主義人士，在美國宣布籌組中國自由黨，並公布《中國自由黨組織綱要草案》。這些人都公推胡適做為黨魁，但胡適雖然支持自由主義，卻並不願出任黨魁，此事後來就不了了之。蔣廷黻在記者招待會上曾表示三點重要的態度：一、中國自由黨並不反對國民黨；二、中國自由黨反對極權共產黨；三、中國自由黨的積極目的在增進中國人民的經濟自由與政治自由。一九六二年三月，他一方面遺憾胡適不肯領導這個黨，一方面說：「假如一個國家不能產生一個好的反對黨，大概也就不會產生一個好的政府。兩者對於一個民主政府的成功都是必要的因素。」

第四，一九三〇年代，他主張先安內再攘外

在一九三〇年代，關於這個問題有兩種主張。國民政府的立場是先剿共再抗日；但是很多知識份子，尤其是青年學生，都主張中國各個政治勢力團結一致，先行抗日。在眾多主張安內攘外的知識份子裡，把這個道理講得最透徹的，莫過於蔣廷黻。他在一九三三年寫下〈未失的疆土是我們的出路〉一文。文中他先引明朝遺臣夏允彝的話來分析明朝覆亡的原因：

我之兵力每以討寇，寇急則調邊兵以征寇，東夷急又輟剿寇之兵將以防東夷。卒之二患益張，國力耗竭，而事不可為矣。

蔣氏說，夏臣「所說的『寇』就是流寇李自成；所說的『東夷』就是滿清」，所以，終久明朝先亡於流寇，然後才亡於滿清，而滿清入關後立即肅清中原的流寇。蔣氏然後下一斷語：

現在的局勢與明末的局勢何等相像！現在共產黨勢力蔓延之廣幾等於明末的流寇，而有組織，有計劃，有主義則過之。

對於日本，蔣氏說：「現在的日本，用不著說，論基本勢力之雄厚，野心之大，軍器之精，都遠過於三百年前的滿清。」他的結論很簡單：「『先剿匪，後抗日』，這是當然的步驟。」

這麼乾脆的結論，在當時要有很大的勇氣才能說出來，因為九一八事變後，全國知識份子，尤其青年學生要求抗日之呼聲，震天價響。一九三五年十二月九日，北平各校學生走上街頭進行要求抗日的示威運動，全國學生響應，這就是有名的「一二九學生運動」，幕後是由中共華北局所策動。中共當時所喊口號是：「中國人不打中國人，槍口一致對外。」這個運動深深影響了張學良，他在一九三六年十二月，發動西安事變。在這個事變後，激起了民族抗日的強大浪潮，這也促成了「蘆溝橋事變」的爆發，於是蔣中正被迫放棄「先安內，後攘外」的既定政策而走向抗日之路。

我認為八年抗戰，人民與國家遭受到無窮傷害，要是沒有一九四一年珍珠港事變，導致美國參戰，我們是否能單獨抗日到一九四五年，很有疑問。經過八年抗戰，政府與人民已經身心俱疲，中共一方面在東北獲得蘇聯給予的軍事支持；二方面在其控制地區，厲行農民分田工作，贏得農民支持；三方面，在政府控制地區則發動「反內戰」、「反迫害」及「反饑餓」等運動並醜化政府戰後一切作為，終於贏得內戰。蔣氏在一九三三年即能指出中共比日本對國家的命運更有威脅，這種高瞻遠矚，令人敬佩。

第五，他主張以平均地權來和中共的土地公有政策對抗

一九三二年七月，他寫下〈對共產黨必須的政治策略〉一文。針對中共在其所控制的各縣各鄉把地主的土地重新分派給農民，他主張這種分派的現狀必須要承認，他說：

> 我以為承認現狀不但應作為對共黨的政治策略，且當作為全國鄉村改革的初步。耕者有其地是國民黨的黨綱，也是國家的安寧及人民的生計所必須的。共產主義的土地政策實在是土地公有，不是耕者有其地。……總而言之，農村問題不解決，中國的政治經濟是不能上軌道的；平均地權終久是要實行的。

一九三三年四月，在前述〈未失的疆土是我們的出路〉一文中，對共產黨的禍害，他認為大部分是官軍和官吏造成的。他指出國民政府剿匪剿了兩年，還沒有剿清，是因為官軍和官吏一面剿共匪、一面造共黨。他主張：「兵不擾民、官不欺民，則農民的治安和輕賦的希望就達到了。」他又說：「不幸以往官軍是與紳士地主合作的；政府曾（從）未大膽的宣告農民蘇維埃的土地分配是政府所要承認的，維持的。政府只與蘇維埃政權為敵，不與農民為敵。這是斧底抽薪之法，政府未曾實行的。」

個人常想，假如政府能夠接納蔣先生的建議，也許中國共產黨的問題在三〇年代就可解決。

第六，蔣廷黻對國人處理外交事務之批評

他在一九三三年十月，於〈外交與輿論〉一文，對當時這個問題幾種不健

全現象提出批評。

一、在無事的時候，人民是不大注意外交的；一旦有事，輿情總是十分激昂，有如狂風巨濤，以致政府對外緊急的時候反而要費其大部精力來對內。惟因平日不研究，所以到國難的時候才專感情用事。

二、因為我們對於外交的注意是臨時抱佛腳的方式，所以我們的知識是片面的，零散的，一知半解的。為日報及雜誌撰稿的人，上焉者跑到圖書館裡翻翻英美的雜誌，東扯西湊，加上一點愛國的情感，下焉者則全靠感情的衝動和筆鋒的尖銳。……現在每一外交問題往往牽動世界全域，而這全域又是合各國的歷史傳統，經濟狀況，地理環境，以及輿情潮流積成的。一隅之見斷不能洞察全域。

三、中國輿情不健全的責任，大學應負一大部分。……我們大學西（洋）史的課程總是偏重英美法德而忽略日俄；甚至於在國立的大學裡，歷史系有絕不設立日本史及俄國史者。……我們大學的歷史系反忽略最與國家興亡有關的日俄：這是一個不可原宥的罪惡。語言文學亦然：我國的大學以英文為第一外國語或者是出於不得已，但第二外國語何必一定是法文及德文？就中國的環境說，俄文及日文豈不比法文德文更加重要嗎？

四、國內的日報也應負一部分的責任。……他們的國際新聞還是全靠外國的通信社。

五、外交部的責任也是不能脫逃的。我們試問：我們的外交部對國人的外交知識曾有什麼貢獻？外交部發表了什麼有價值的材料？……外交部在平日不能造輿情；遇事則為輿情所壓倒；平日不思提倡外交的研究，遇事則歎息國人之不見諒。這是不下種而反求收穫，天下沒有這樣便宜的事。

這篇一九三三年發表文章所指出的現象，證諸今日，還是存在。譬如說，我國唯一的政大「俄羅斯研究所」，是在一九九四年才成立，這時蘇聯已瓦解，為何沒有在前蘇聯存在時成立？實值得檢討。

外交實務成就之一——控蘇案

蔣廷黻除了以史學家的身分提出上述的真知灼見以外，他一生另一個成就是在外交實務領域。蔣廷黻在外交界任職一共二十二年。他這二十二年中，其最顯著的成就，是從一九四九年秋天起，代表我政府在聯合國正式提出控告蘇聯違反一九四五年「中蘇友好同盟條約」案，此案到一九五二年二月正式表決通過，歷時三年。

他的控蘇案全文將近三萬字左右。控蘇案全文共分十節：

第一節討論中蘇兩國於一九四五年八月十四日所簽訂之條約及協定。根據這項條約及協定，大連劃為自由港，旅順則允許蘇聯軍艦及商船使用，至於中長鐵路為中蘇兩國共有共營。另外，外蒙古根據公民投票，中國承認其獨立。

第二節討論一九四五年二月十一日之雅爾達協定。根據該協定，蘇俄承諾在德國投降三個月之內出兵東北，而美國則承諾使中國政府同意蘇聯有關大連、旅順、中長鐵路、外蒙古等等之要求。蔣氏特別指出，中國並沒有參加雅爾達會議，所以該協定對中國政府在法律上並無拘束力。他沉痛地說，中國在該條約和協定上簽字是：「全國含恥忍辱的簽字」；「對美國政府的壓力委屈求全地予以遷就」；「雅爾達協定鑄成大錯———十分悲慘的大錯。如無此一協定，中國和韓國在戰後的整個歷史必然整個改觀。」

第三節討論蘇俄軍隊在中國東北的掠奪行徑。他指出，蘇軍在中國東北運走或破壞的設備，據我政府調查，共達二十億美金。

第四節討論蘇俄對中國在東北恢復行使主權所加之阻礙。

第五節討論蘇軍與中共在中國東北之串通。他指出幾點：蘇聯在東北撤離之前，總是先通知中共，再通知政府，所以，中共都先接管蘇聯所撤退的都市，例如長春。他又指出，長春以北整個地區都交由中共管制。

第六節討論蘇軍將日軍在東北之武器轉交中共。在這節他首先敘述蘇軍從日軍所俘虜的武器的種類與數量，並細述蘇軍如何將這些武器轉交給中共。

第七節討論蘇聯對中國北方地區之逐步吞併，這包括在外蒙古唐努烏梁海成立唐努土文人民共和國，並將其併為蘇俄六個自治區之一。在此節他也細述蘇俄對我國新疆經濟資源的染指。

第八節討論中國大陸之蘇維埃化。在此節他詳述從一九二一年起蘇聯跟中共之勾結，以及中共建國以後，中蘇進行的密切合作，並且也指出，中共與蘇聯如何發動並參與韓戰的情形。

第九節討論蘇聯自中國南部及西南部邊陲向東南亞之擴張行為。

第十節為總結。此節共有三項要點。第一，指出蘇聯違反了蘇聯於一九四五年八月十四日對中國的三項諾言：（一）蘇俄政府將以道義上的支持及軍需品與其他物質上的援助，給予中國中央政府；（二）蘇俄對中國在東北（東三省）的充分主權的尊重，以及對中國東北領土行政完整的承認；（三）關於新疆，蘇俄重申其無干涉中國內政之意。該三項諾言，均經條約明訂為中蘇友好同盟條約的一部分。第二，蘇俄還違反了所作尊重外蒙古政治獨立與領土完整的諾言。第三，蘇俄逐步併吞華北及蘇維埃化整個中國的行動，都是侵略中國的行動，不僅違反了中蘇友好同盟條約，並且還違反了聯合國憲章。

蔣廷黻為了這個控蘇案下盡苦心。他對自己準備的工作有如下的描繪：

在三十八年的夏末秋初，我又恢復了研究歷史檔案的生活，好像十幾年前我在北平故宮博物院研究軍機處檔案一樣。利於我的和不利於我的文件和事實同等的要注意和考慮。任何結論必須有充分的證據。……如果證據充足，蘇俄實已違反條約，無論國際輿論如何不利於我，我一定奮鬥到底，成敗不顧，最低限度要使全世界的人士明瞭中蘇關係的實情。提出的說明書，不但在聯合國委員會審查的時候可以站得住，就是數十年後歷史家如來複查也能站得住。

一九六七年，我曾到美國哈佛大學法學院查閱資料，意外發現蔣廷黻控蘇案的英文手稿，看到他那龍飛鳳舞的英文筆跡，拜讀之下，對其資料蒐集之完全及論斷之有據，確實符合了他「數十年後歷史家如來複查也能站得住」這句話，也使我突然想起青年守則中「學問為濟世之本」之一則，實是至理名言。

史學與外交相輔相成

蔣先生在控蘇案期間，在一九四九年十一月二十五日所發表的另一篇聲明〈蘇聯威脅中國政治獨立與領土完整〉，亦是一篇史學家之力作。內中詳述蘇聯在一九四五年起到一九四九年在中國侵略的事實。他在結論中指出，史達林在亞洲的發展的成就「已超越了俄國歷史上所有的伊凡、彼得、亞歷山大和尼可拉斯。這個帝國運動有類冰川進展的性質。」這篇聲明也有三萬字左右。這篇聲明與控蘇案加起來將近六萬字，充分展現蔣廷黻做一個史學家的功力。

蔣廷黻從一九三二年出版《最近三百年東北外患史》，到一九四九年的控蘇案，其對蘇俄侵華的研究成果，到今日為止，恐怕尚無其他中國外交史學者出其右。

對於蔣先生在聯合國的卓越服務，一個最貼切的描繪來自一位澳洲外交官，他在聯合國與蔣氏共事多年。他這樣說：

T.F.（廷黻）是一個簡單的人，不複雜的人（a simple and uncomplicated man）。他像一頭牛，充滿著笨勁，一直往前衝，眼睛只往前看，這樣他能夠排除萬難而達到他的目標。這是他可愛之處，也是他成功之處。

我國外交界耆宿陳之邁大使，也是與他共事多年的同事，曾表示：

廷黻一生最大志願是撰著一部具有權威性的中國近代史，作為他傳世之作，即西洋人所謂Magnum opus。

可惜退休後只有幾個月，就因病去世，這恐怕是蔣廷黻一生最大的遺憾。中國近代學人從政例子不勝枚舉，但是能夠在從政工作上將所學做最淋漓盡致的發揮，恐怕蔣氏為第一人；在學術與外交兩個範疇能夠同時登峰造極，恐怕蔣氏也是第一人，從這個角度來看，也許蔣先生對其一生志業應無遺憾。

參考書目

如對蔣廷黻生平有興趣作更深入的研究，可參閱以下書籍：

1.《最近三百年東北外患史》，蔣廷黻著，臺北：中央日報社，一九五三年；原刊於《清華學報》第八卷第一期（一九三二年）。

2.《中國近代史》，蔣廷黻著，湖南：嶽麓書社，一九九九年；初版：一九三八年。

3.《近代中國外交史資料輯要》上、中卷，蔣廷黻著，臺北：台灣商務出版社，一九五八年。

4.《蔣廷黻選集》第一至第六冊，蔣廷黻著，臺北：文星書店，一九六五年。

5.《蔣廷黻的志事與平生》，陳之邁著，臺北：傳記文學出版社，一九六七年。

6.《蔣廷黻回憶錄》，蔣廷黻英文口述稿，謝鍾璉譯，臺北：傳記文學出版社，一九七九年。

第十一章

仁恕存心、為國忘家的軍人魂——胡宗南

胡宗南／胡為真提供

文｜胡為真｜前國安會祕書長

胡為真提供

在中華民國建國百年歲月裡，父親（胡宗南將軍）將自己貢獻給國軍近四十年，他的人格感召及影響可謂歷久彌新。他一生為國忘家、無私無我、犧牲奉獻的精神，功成不居、受謗不辯的胸懷，以及強烈的民族情感，逆境中仍不屈不撓的奮鬥意志，適足為時代長遠之典範，而永為後人追思。

我稚齡之時，對先父胡宗南上將的瞭解十分有限。對我而言，他就是有威嚴、疼愛子女的慈父，在家時間不多，交談的機會亦少；而且，他從來不跟我談往年戰場上的經歷或者軍事方面。我年齡稍長時曾問過，他哈哈一笑就閃過去了。

直到我十四歲時父親辭世，母親好不容易從悲痛中回了神，她這才噙著淚，傲然地跟我講：「你父親生前的地位，對中華民國歷史的重要性，是你沒有辦法想像的！」以後，從社會各階層人士的尊敬與回憶，使我逐漸認識父親真實的一面，他那恰好跨越中華民國最苦難歲月的軍旅生涯，以及他內心所承擔的巨大傷痛。

獻身革命，投筆從戎

父親生於清光緒二十二年，也就是民國前十六年。他原名琴齋，宗南是日後考黃埔時改的。中華民國肇建之時，父親的第一個動作，就是在學校率先把辮子剪掉，現在看來饒富意義。父親成年後擔任小學教員，由於列強侵略中國，他於民國十二年（一九二三年）冬天決定投筆從戎，報考國父在黃埔創立的軍校，成為黃埔一期學生。

這個時刻，中華民國正處於軍閥割據之際，黃埔畢業生甫出校門就要拿槍作戰。民國十四年（一九二五年），父親分發到教導第一團少尉見習官，三月十三日隨部隊東征棉湖。作戰前，他曾寫信給要好同學賀衷寒先生：

國危民困，至今而極，既不能救，深以為恥，獻身革命，所為何事，此次出發，但願戰死。

在蔣中正校長指揮下，他任機關槍連中尉排長，率兩挺機槍迂迴敵側後方密集射擊，敵陣大亂，掩護步兵攻擊成功，擊潰陳炯明主力，以戰功晉升上尉。此後父親參與北伐，繼續於迭次戰役立下戰功，在攻下上海時，且曾率全團士兵直接開入各國租界示威，外國巡捕莫可奈何，因而大快人心。不久他所統率的第二旅被譽為全國陸軍模範，到了民國十六年（一九二七年）五月，再升任第一師少將副師長。他繼續參與討伐李宗仁、馮玉祥，反擊唐生智逆襲，以及中原會戰等等戰役，這些將領後來亦為國軍之主力或一方之霸，李宗仁以後甚至成為副總統、代總統，可以見得中國在這段時期的混亂。

在國民革命軍的征討下，全國終告統一，父親也升任第一師師長。第一師有主義信仰、紀律嚴密，能攻必克，敵軍聞之色變；而父親平時視士兵如子弟，患難與共，行軍所至秋毫無犯，民間稱之為中央軍，是國軍中的一張王牌。民國二十二年（一九三三年），全國政令漸趨統一，第一軍成為首先進駐西北的中央軍隊。

團結抗日，阻止蘇聯入侵

連年兵燹，中國難有聚養生息之時。父親先前擔憂的外患日本軍閥，已逐漸顯露侵略中國的各種作為，國內尚有共產黨擁兵侵擾問題，中華民國苦難連連，父親也參與剿共作戰。他的部隊自民國二十一年（一九三二年）秋天追擊共軍徐向前而進入甘肅以來，在陝甘地區作戰達四年之久。他很早就看清共產黨問題，曾告訴常年跟隨的部屬王微：「清黨在軍隊容易，問題在青年與農民，今後農民問題如不解決，中國的命運前途，是堪憂的。」所以他在用兵之時，也逐步經營西北，一貫堅持組織運用民眾，認為軍民一同成為反共壁壘方是正本清源之計。

民國二十六年（一九三七年）七月七日，蘆溝橋事變發生。日本軍閥對中華民國動武，對日抗戰全面展開。八月十四日日軍攻打上海，父親於不斷請纓後，終於奉到命令率第一軍參加淞滬作戰，原命守大場七日，他卻堅守至四十二天。戰事極為慘烈，父親日夜在戰場指揮巡視，官兵見之無不感奮，日軍不得逞，乃自金山衛登陸。後來總指揮白崇禧向第三戰區司令長官何應欽報告說：「桂軍十個師只打一天，只有第一軍能打，該軍兩個師陣地，始終屹立不動！」

淞滬戰役之中，第一軍四萬將士投入戰場，雖整補四次，到奉命撤退時只剩下一千兩百人，團、營長以上多負傷或犧牲，連排長幾乎全數陣亡，當時著名報人張季鸞說：「第一軍為國之精銳，如此犧牲，聞之泫然。」

民國二十七年（一九三八年），父親奉命率部移駐關中，以固守黃河河防，屏障山西、四川、陝西各省，他支援河南蘭封、信羅，擊敗日軍精銳土肥原賢二的第十四師團。民國二十九年（一九四〇年），他升任三十四集團軍總司令，繼續鎮守關中，多次擊退日軍的攻勢，同時一面派軍進入敵後游擊，一面不斷增援其他戰區如山西、河南、武漢、貴州等地，以穩定戰局，另外還統合西北各省戰力，團結抗日；也曾派軍入新疆平亂，苦戰後阻止了蘇聯勢力的入侵。民國三十四年（一九四五年）一月，父親升任第一戰區司令長官，時年五十歲；五月，日軍以五個師團進犯河南西峽口，他親自指揮作戰，令所部奮勇死守並反擊，這場戰役前後數月，殲敵數千，日軍指揮官遭撤職，是抗戰勝利前的重要大捷。

募集有志青年

父親治軍作戰之外，也是中華民國成功的軍事教育家。他率軍自上海戰場轉進時，注意到沿途流亡學子不少，於是大量收容各地有志報國的青年。當時中共在延安辦抗日大學，父親在鄰接要道設招待所，努力爭取青年，將極多有意抗日而投共的青年導入政府的行列，他請准在西安王曲成立中央軍校第七分校，後來成為抗戰期間九所分校中規模最大的，同時並成立培養政治教官的戰幹第四團，總共在全國各地招募數萬名優秀青年，結訓後分發到各戰場作為初級幹部，抵擋日軍。他對學生們的精神感召，連綿七、八十年而不輟，如今這些平均九十歲的老軍官們每年集會紀念父親時，仍然齊唱黃埔校歌，並誦讀父親勉勵他們的名句，如：

鐵肩擔主義，血手寫文章。
無我為大，無名為大，下層為大。
今日的戰士，生於理智，長於戰鬥，成於艱苦，終於道義。

三十四年八月，日本宣布無條件投降，抗戰終於贏得最後勝利，父親身為第一戰區司令長官，奉命在河南鄭州接受豫北、豫西日軍投降。當年他投筆從戎的目的就是打倒帝國主義，所以這實在是他一生中最高榮譽。他極為欣慰，在受降典禮上概然說：

此一勝利，一洗中國歷史上的恥辱，一洗中國地理上的污點，一洗中國人憤恨不平的心理！

由於父親在抗戰期間的貢獻，政府於民國三十五年（一九四六年）元旦頒給他軍人最高榮譽——青天白日勳章。

指揮延安之役

然而中華民國苦難未止，接踵而來的是國共內戰。父親早年即看出中共爭取學生及農民認同，並引以為慮，到了關鍵時刻果然成為中華民國經過長年征戰恢復元氣的阻力。抗戰前，中共曾遭國民政府圍剿幾被消滅，卻因西安事變而得以立定腳跟——為結束事變而舉行的談判中，中共代表周恩來對國民政府代表宋子文所提的第一項條件，就是要求對中共威脅最大的父親部隊撤出陝甘。以後抗戰爆發，恰好讓中共有機可乘，得以發展實力，二戰結束後再經蘇聯的扶植，已今非昔比。

中華民國於抗戰勝利之後所面臨的挑戰，不僅有共產黨的軍事對抗，還有內政、經濟等各方面治理問題。日後可以見得，由於內政及經濟上的失敗，影響了人心向背，加上外交上的孤立，左右了軍事的勝負。美國馬歇爾調處失敗，國共再啟戰端。民國三十六年（一九四七年）初，政府乃決定攻占共軍指揮中心延安。三月，父親執行這個政策，指揮第一線攻擊部隊八萬四千人，其中右兵團以整編第一軍為主力由晉西渡韓城奇襲，左兵團以整編第二十九軍為主集結洛川，配合發動攻擊，另隴東兵團向保安方向佯攻。共軍正規軍九萬、民兵七萬共十六萬人，憑藉多年來所修築的工事堅決抵抗，於傷亡一萬六千餘人後撤出延安，毛澤東倉皇離去，我軍於五日內如期攻克延安。

延安之役使中共失去首府，造成其全黨全軍重大震撼。蔣中正委員長稱許此役為戡亂期間「唯一按計畫實施成功之戰役」，並致電父親說：「為黨為國雪二十一年之恥辱……，吾弟苦心努力，赤忱忠勇，天自有以報之也。」

這對父親而言當然是軍旅生涯裡的重大勝利，他隨後終於和相戀已久的我母親葉霞翟女士結婚。他倆早在抗戰之前就已訂婚，卻因蘆溝橋事變而把婚事無限期延後，父親對婚姻的想法是「匈奴未破，何以家為」，母親則赴美留學，取得威斯康辛大學政治學博士後，返回四川在大學任教。他們彼此堅貞苦守十年，至此方結為連理。

然而勝利的喜悅沒維持多久，僅僅兩年時間，整個局勢逆轉。國軍在各戰場均節節失利，大部分部隊數百萬人在東北、華北及徐蚌所謂三大會戰中犧牲殆盡，這期間父親在陝北作戰，也是有勝有負。他同時奉命自西北抽調不少部隊，如嫡系三十四集團軍等，支援三大會戰等各戰場，可惜未能挽回戰局。其後蔣中正總統於民國三十八年（一九四九年）一月第三度引退，整個局勢急轉直下。

年前，我與內子受邀共赴美國哈佛大學任訪問學者期間，曾一同前往史丹福大學胡佛研究所查考《蔣介石日記》，蔣公於民國三十八年三月三十一日記載徹底檢討「此次失敗重要之原因」如下：

甲　外交失敗為最大之近因。

乙　軍事教育、高等教育之失敗為其最大之基因。

丙　黨內分裂、紀律掃地、組織崩潰為革命失敗之總因。

丁　經濟、金融政策之失敗實為軍事崩潰之總因。

戊　民主憲政之時期與制度，以及國民代表大會代表等之選舉，已動搖剿匪

> 之基本，此實與剿匪、對共政策背道而馳也。
> 己本身之驕矜、憤懣、自恃、忙迫、不能盡敬虛心，一以主觀是行，此乃失敗之總因。
>
> ……

由蔣公的自省，可見得軍事失敗，只是整個局勢崩潰的表象之一而已。

揮淚從命，協助轉進成都

這年，是中華民國在大陸的最後一年。代理總統李宗仁和談不成，共軍於四月間大舉渡過長江，整個大局已壞，政府從南京撤至廣州，再於十月撤至重慶。但李代總統不赴重慶，蔣公不得不以國民黨總裁身分飛重慶支撐全局，父親此時已奉國防部之令自西安退守漢中，自秦嶺及大巴山防線抵擋共軍的進迫，蔣公卻堅持指示父親將僅存不完整的十三個軍中，抽調精銳第一軍保衛重慶，並強調自己不離開重慶。父親曾以蔣公「馬前一卒」自許，他絕對服從命令，此刻他卻猶豫了。

先前於部隊尚完整時，蔣公原有意要父親南下武漢經福建赴臺灣，後來局勢改觀，父親乃建議並獲層峰同意拿一半兵力固守秦嶺，以四川廣元為基地，阻止共軍一野部隊南下；其他部隊撤到西南，萬一大陸淪陷仍可以這些部隊為基幹，做為徐圖反攻之用。但軍事形勢變化過速，廣州淪陷後，湖南、湖北相繼失陷，國軍宋希濂十萬部隊失敗，防守四川東、南部的羅廣文十萬部隊又瓦解，共軍二野、四野直攻重慶，川境軍心不穩，政府與蔣公處境極為危險。但當時父親如果抽離精銳遠赴重慶作戰，則從秦嶺、大巴山一直到重慶的戰線拉長到二千公里，以他可用之兵力對付中共三個野戰軍，是不可能的任務；蔣公在日記中也承認「胡宗南部處境極為艱困」。但為了領袖安危，父親乃在關鍵的軍事會議中揮淚從命，放棄原先的計畫，下令精銳部隊開赴重慶「勤王」，在中央未能依承諾提供足夠交通工具的情況下，被迫逐次投入戰場，於戰線一日數變的重重包圍中奮死抵禦，雖曾獲致局部勝利，爭取到讓蔣公和政府安全撤至成都的時間，但代價是部隊大部犧牲。

即使如此，父親其餘部隊仍能以六百多公里與敵對峙之正面轉進，在短短半個月內從漢中經綿陽到成都平原。雖然千里馳援，兵不宿飽，缺糧缺衣缺兵源缺彈藥，與追擊的共軍不斷接戰，有時還獲局部勝利，對於此一成功的轉進，經國先生因此在日記中讚道，「實戰敗中之奇蹟也」。

轉進到成都前，蔣公曾以親筆信寄交父親，希望父親指揮剩餘部隊在成都附近積極應戰，求其擊滅敵軍一股，或許有死中求生的奇蹟出現；但父親內心是反對的，因為過去一年來的敗局已可證明，「妄言決戰……，不知陷滅了多少部隊，犧牲了多少將士，而白流了多少英雄之血。」他認為，「應在我軍力量尚未十分損失之前，脫離內線，轉移外翼……」，放棄成都，脫離包圍，「到某一地區重整陣容，造成奇局」。

然而，整個情勢發展事與願違，一方面四川鄧錫侯、西康劉文輝、雲南盧漢紛紛叛變，西南大局已不可為。另一方面，為防衛政府而集中兵力防守重慶、成都，自然就陷入共軍一、二、四野十倍兵力的重重包圍。父親勸蔣公於十二月上旬離開成都飛臺北後，就安排部隊突圍西進，結果各軍艱苦力戰，只有部分突破重圍到達西昌。父親於十二月下旬離開成都，經海南島三亞飛抵西昌，號召各方舊部，盡全力經營，逐漸再發展至一萬餘部隊，但共軍繼續集中了十倍以上的兵力圍攻，民國三十九年（一九五〇年）三月二十七日，奉命返臺的父親，在參謀長羅列、秘書長趙龍文等人苦勸強迫下搭上最後一架飛機，成為中華民國政府最後一位離開大陸的高級將領。

疲兵孤戰，震撼天地

雖然獨木難支大廈，但父親的部隊在重慶、成都、西昌諸戰役中，大都奮戰至最後，其中兵團司令、軍師長約一、二十人，如胡長青、吳俊、劉孟廉、趙仁、吳方正、陳壽人、汪承釗、朱光祖等等，不是陣亡就是自殺或重傷，其下團營連長大都壯烈殉國，充分發揚國軍軍魂，忠心至死。親身經歷這一切的父親侍從參謀夏新華，曾以詩描述這一過程：

固守秦嶺阻共軍，突傳元首困渝城；
十萬火急電頻到，將軍勤王急如星；
翻山涉水千里路，將士足底血染塵；
爭奪要地拚生死，安保元首脫險城；
疲兵孤戰撼天地，陸沉最後一將星。

而蔣公也曾在這危急存亡之秋，於歷次召見父親談話後，在日記上稱許他說：

宗南……其精神志節始終如一，而勇氣與見解亦超乎常人，此為逆境中最足自慰者。

又說：

宗南……甚有決心且毫無頹唐之色，此真乃革命幹部中之麟角也。

蔣公對父親的器重，在敵營中也有同感。前年共軍退役的「毛澤東思想」專家來臺灣參訪時曾私下透露，共軍內部文件記載，毛澤東曾在祕密會議中警告說，國軍將領中特別需要注意的有兩人，一位是白崇禧，另一位就是胡宗南。

中華民國丟了大陸，卻能立足臺灣，防堵了赤化的危機。這是當今臺灣許多人士未能思考的層面，亦即當時在國際上包括美國政府，估計這座島嶼赤化是遲早的事，如果真是如此，哪有當前的民主自由與民族希望。我在幾年前看到一篇關於〈臺灣為什麼沒能解放〉的報導，那篇來自北京《傳記文學》的回憶文指出，毛澤東曾說：

這是我黨七大後所犯的第一個大的歷史錯誤。當時，蔣介石在臺灣立足未穩，美國人也從臺灣撤走了第七艦隊，本來是解放臺灣的最好的時機，但我們喪失了時機。我們只看到胡宗南在西南還有大軍，於是二野分兵去了西南，三野又要守備大城市和掃清殘敵，所以沒有把二野三野集中起來解放臺灣，而是以劣勢兵力在金門打了敗戰。這樣，蔣介石在臺灣的棋子下活了。

可以見得，父親的部隊戰至最後一刻，保衛政府和蔣總裁安全轉進至台北，保留了中華民國政府的法統，同時，間接促成了我軍的古寧頭大捷，這重要的貢獻對臺灣的命運，的確產生了關鍵性的戰略影響。

一無所求，但求為國奉獻

父親於民國三十九年來臺後，對外界一切的質疑不作任何辯解，而他內心裡卻存在著極大的矛盾，終他一生，如此的矛盾一直是他內心裡的磨難。四月五日父親回到臺北，隨後奉總統指示到花蓮去。父親的機要祕書張政達先生以後回憶說，陪著我父親到海邊散步時，父親常常面向海一站就是許久，曾經兩度問道：「我們是應該在西昌成仁呢，還是應該在成都成仁呢？」父親沉痛地說，「我們是不應該出來的，現在整個大陸淪陷，何以對得起領袖，何以對得起國家！」

所以後來蔣總統在臺灣要父親出任要職，他都不接受；例如要任命他為陸軍總司令，他便推薦羅列將軍；但如要他到前線作戰，要他反攻大陸，他卻極願意做先鋒。這種情懷，與他數十年前第一次參加東征作戰時準備戰死的心志，是一致的。

民國四十一年（一九五二年），蔣總統派父親赴大陳整理浙江沿海游擊隊，組訓成反共救國軍，他立即應命，在極為艱苦的生活環境和物質條件下，將那數千人的武力鍛鍊成能攻能守的真正戰鬥部隊，且居然能在不到兩年的時間內，突擊大陸，共達三十九次之多，其中多次是他親自領軍的，並曾在歷次戰役中俘獲甚多共軍及其裝備。當時他訓勉部隊的名言是：

我們一無所有，有的是赤胆忠心；我們一無所求，求的是反共復國。

子弟兵發揚軍風

民國四十四年（一九五五年）元月一江山戰役，率同全體官兵奮戰殉國的一江山司令王生明上校和他的副手都是父親多年忠實的部屬，但父親在該戰役發生前半年已奉命離開大陳。

父親回臺進入國防大學進修，民國四十四年九月再出任澎湖防衛司令。以他曾統率數十萬大軍的經歷，卻去擔任相當於軍長的職務，一般認為這是屈就，然而因為澎湖較靠近前線，所以他又欣然應命。

他在澎湖充分發揚他愛軍愛民的風格，除了積極整頓軍備外，尤其努力建設民生，大量植樹，並籌建跨海大橋；八二三砲戰發生前後，澎湖更成為支援金門前線的樞紐和蔣總統指揮戰事的基地。兩任四年滿了後，父親奉調回臺北任總統府戰略顧問，並進入剛成立的國防研究院第一期，且被推舉為學員長。

另值得一提的是，由於父親部隊一向軍紀優良，所以政府在臺灣重新建軍、整頓士氣時，陸海空三軍的政治部主任都起用隨父親來臺的老部下，如蔣堅忍、趙龍文等，而國軍最精銳的海軍陸戰隊，前十二位司令中竟有六位是父親的部屬或學生，這六位司令從首任司令楊厚綵起，接下來是周雨寰，另依序是袁國徵、何恩廷、孔令晟、屠由信，他們把父親在西北治軍的軍風發揚光大，淬鍊出慓悍的陸戰隊軍風。

民國四十九年（一九六〇年），蔣總統又有意讓他出任總統府參軍長，但他以有心臟病為由婉謝。父親的身體確實已經不好，民國五十一年（一九六二年）二月十四日，他因心臟病辭世。

蔣總統知道父親的心思，在他過世那天對國軍幹部會議訓話時，悼念說：

大陸淪陷前後，他曾經屢次寫信給我，說至今還沒有能夠求得一個死所，其意若不勝遺憾者。後來當他在大陳調職的時候，他又寫信給我說：「今後我恐無死所了！」宗南同志現在竟未能如其所願，使他自己的生命得到一個轟轟烈烈光榮戰死的死所，實在令人追思不置。他死已附於正氣之列，自不失為正命，亦可以瞑目於地下了！

為照顧他人不惜刻苦自己

父親只思在軍事上報效國家，在生活上一直是苦待自己、把好處留給部屬乃至於他們的家眷，從來不為自己設想。外界可能很難想像，他身為上將，在世的時候，母親帶著我們四個子女，生活過得很苦，他駐防外地時，母親每封去信幾乎都得告訴他家用不足，請他寄錢過來。

這情形後來才知另有原因。十多年前的一個暑假，我為了讓子女們更瞭解沒有機會見面的祖父，特別帶家人到澎湖林投公園，瞻仰父親的銅像，並赴父親往年任澎防部司令時所住的房舍。

人稱老劉的澎防部退休老士官長劉先生，長年為歷任司令官服務，他找出當年父親的老補給證，並以極尊敬的語調回憶了父親任司令官時的種種作風及行誼。他說：

你父親生活十分簡單，甚至可以說是清苦，可是每個月關餉時，卻都要我把他的薪餉分成三份，各三分之一。一份留在長官部，以供這裡許多開銷；一份寄回臺北給你母親供家用；另一份送給長官部兩位部屬，某先生及某先生，因為他兩位都有八、九個小孩，食指浩繁，而軍人收入微薄……

我聽了頗為吃驚，半信半疑。回到臺北後，在老劉的協助下，找到人在南部早已退休的當事人某老先生，證實了此事。這是父親過世三十多年之後，我再進一步地認識他。

我不禁回想，怪不得那些年在臺北，母親經常要為家裡的用度發愁，我們四個子女那時都年幼，母親不能出外兼職，父親給的家用又經常捉襟見肘，她為了給我們足夠的營養及家庭開銷，開始寫散文以貼補家用，一開始還曾為兩度被退稿而委曲痛哭，但也因為這些磨難，後來她憑著不屈不撓的意志，逐漸成為國內知名的作家。

啊！一直要等到這麼多年後，我才知道父親為了照顧他的部屬及辦公室的開支，竟然只寄出三分之一的薪俸給母親持家，其結果是犧牲了他自己妻子及兒女的生活，使我們在清苦中成長。原來這就是我父親，他愛他的朋友、同仁、學生，超過愛他自己和他的家人。

念茲在茲的是國家前途與命運

父親把全副心力放在國事上，自然無暇照顧家庭，好在他有位甘願為他吃苦、忍耐、賢德的妻子。政府遷臺之後，中華民國有好長一段時間以反攻大陸為國策，積極準備收復大陸山河，我的父母親也曾經熱切地如此期待，兩人好不容易見到面，在家中談到的話題常常就是反攻大陸之後，要做些什麼事。

自大陸來臺十一年間，父親雖然悲苦，但從未失掉鬥志，我也從未聽聞他有任何悲觀怨嘆的言論。他積極認真的反省過去的成功與失敗，總結經驗，並潛心思考各種大戰略，研究共產黨的優缺點、兩棲作戰、海島防禦、政治作戰等等，另為了能直接與美方溝通，每天並苦讀英文。他念茲在茲的是國家的命運與前途，個人如何絕不在考慮之列；民國五十一年（一九六二年），反攻計畫悄然啟動時，他卻剛剛息了世上的勞苦。

蔣公論父親，說他是一個「忠貞自勵、尚氣節、負責任、打硬仗、不避勞苦、不計毀譽，革命軍人的典範」；經國先生曾告訴我，父親是他「最好的朋友」；何應欽先生也曾對我說，父親是他「最好的學生」；孫前院長運璿曾向我強調，他對父親和母親「最為敬佩」；父親的部屬及學生們如沈之岳、余紀忠、孔令晟諸先生以及其他許多長輩師兄們，也都一再稱許父親為他們「最崇敬的長官」。他去世近五十年來，父親的部屬學生們每年集會紀念，行禮演講，無一年間斷，極為難得感人，甚至還有一些人把他們的公子或孫子取名為「宗南」以表紀念，如設計上海世界博覽會臺灣館燈光藝術的設計名家袁宗南，即是一例。

民國一百年元月二十八日，我忽然接到一封寄自臺南市的信。這正是近六十年前，一位曾經獲得父親以自己薪水持續幫助的老部屬來信。署名九十八歲老榮民的他，在信裡除了讚揚父親是軍人楷模、軍中聖人外，並重提往事：「……胡公解決我的苦難，家人都感恩戴德，現各子孫均有正當職業，妻賢子孫孝，我壽康幸福，皆胡公所賜的，我永銘五內，不會忘的……。」我讀了信，深受感動。

的確，身為子女，我要說，父親給了我們極為豐厚的遺產——就是在精神、言行方面的榜樣。另外，我還要提的是，他的基督信仰。

父親由西昌飛到海口時接到兩本《聖經》，從此很用功地研讀，他不僅讀，還很認真地背誦，有基督徒老師為他講解，他回頭就仔細研讀圈點，毫不含糊，私下並勸人信主；我確信，他的靈魂已經因認識、接受耶穌而得救。

父親去世後，大陳部屬在馬祖的東引島興建了「東昌閣」以為紀念，因為他曾以「秦東昌」之名領導大陳軍民；澎湖軍民則在林投公園為他立了銅像，現在二者均成為觀光景點。民國九十九年（二〇一〇年）九月，馬英九總統前往東引視導三軍部隊，我有幸陪同，馬總統特地參觀了國防部整修後的東昌閣，並在父親與蔣公的照片前行禮。

東昌閣裡的父親與蔣公照片兩旁，有父親的遺墨：

辦大事者非精心果力之為難，而仁恕存心相忍為國之不易也。

這兩句話，正好點出了我政府在大陸失敗的重要原因，也是當前我朝野及國軍各階層亟待加強的品德！現在兩岸關係雖然逐漸走向和解，軍事力量仍為我方不可或缺的一環，除了軍事裝備的更新外，強化國軍重理念、肯犧牲的武德與軍人魂，重拾社會各界對軍人的尊敬，尤為當務之急。

民國建國以來，千千萬萬的優秀將士前仆後繼地以行動彰顯了國軍的軍人魂，他們為了完成國家統一，打倒帝國主義，戰勝強敵日本，以及抵擋中共擴張、保衛自由民主制度，義無反顧地貢獻出自己的一切，甚至是寶貴的生命。軍人的奮鬥，是為了實現國家的理想，而軍人的生命，更是直接與國家興亡相連結。這是我父親多年來的基本信念。

在中華民國建國百年歲月裡，父親將自己貢獻給國軍近四十年，他的人格感召及影響可謂歷久彌新。他一生為國忘家、無私無我、犧牲奉獻的精神，功成不居、受謗不辯的胸懷，以及強烈的民族情感，逆境中仍不屈不撓的奮鬥意志，適足為時代長遠之典範，而永為後人追思。

第十二章

「經國之治」的時代意義——蔣經國

蔣經國／高稚偉提供

文｜張祖詒｜前總統府副祕書長

張祖詒提供

民國百年以來功在國家者不少，但像蔣經國「運權如秤，恤民如子」那樣的為政風格則不多見。「經國之治」的時代意義是他帶領人民走正確的方向，給人民希望，讓人民增強信心，更難得的是，他一直保有公民權利重於政府權力的民主思維。所以「經國之治」獲得極高評價，非無成因。

東坡居士九百多年前寫的〈赤壁懷古〉，首三句「大江東去，浪淘盡，千古風流人物」，氣勢磅礡。三百年後，《三國演義》的〈西江月〉序詞，接續前緣，又寫下「滾滾長江東逝水，浪花淘盡英雄」的壯句，道盡了世事之無常、人間的滄桑。真是長江後浪推前浪，千古多少英雄豪傑，在歷史長流中，此起彼伏，潮起潮落！

中國歷史綿延二、三千年，從春秋戰國、秦皇一統、漢唐盛世、經五代十國、治亂交錯、以至宋元明清，由盛轉衰，直到民國肇建，其間孕育眾多聖主明君和賢士英豪，也產生了無數愚瞶昏王和奸邪佞臣，這些都是時代和時勢的產物。從大歷史觀點來看，一個時代有一個時代的人物，有一個時代的事業；而一個時代的人物和事業，又與那個時代的形勢與需要有必然的關連。可以說「英雄造時勢」，也可以說成「時勢造英雄」。

中華民國的誕生，乃由於清廷失政，國勢危殆，於是群英並起，發動革命。那時代的事業便是推翻滿清、建立民國。辛亥革命成功，便是國父孫中山先生革命事業的歷史巔峰。可是建國百年，一路走來，道途艱險，內憂外患頻仍，形勢丕變，他所創建的中華民國只能偏處海島一隅，直是造化弄人。幸而新的時代，孵出了新的形勢，浪淘出了新的人物，又見一番新的事業，讓民國百年，中興再生，精彩繽紛。

從贛南新政到台灣奇蹟

蔣經國長民國二歲，他降生於革命浪潮洶湧澎湃的時代，出身在顯赫的革命家庭，青少年時留學蘇俄十二年，長期接受革命教育的洗禮，也深受「布爾什維克」革命毒素的創傷。民國二十六年（一九三七年）抗戰軍興前夕，他回到祖國懷抱，投入革命救國行列。他在新贛南推行新政，初試啼聲，一鳴驚人，不過三年時間，政績斐然，政譽遠播，全國予以注視，蔣經國的名字，開始在中國人心中留下既深刻又特殊的印象。

時易勢遷，三十年多年後，蔣經國成為海內外華人眾所景仰、國際間眾所矚目的時代人物。他光芒四射，聲譽崇隆，並非來自於他父親蔣中正的威望庇蔭，也非由於他位居閣揆和總統的權勢，更非經由媒體刻意營造的假象，而是實實在在由於他的所作所為大異於往昔的官僚格調，從他所言所行中創造出許許多多劃時代的事蹟，所形成的風範，令人感動，令人欽佩，令人心折。

事實上，蔣經國實際主理國政的時間，是從民國六十一年到民國七十七年（一九七二年至一九八八年）他辭世的十六個年頭，這在民國百年歷史中只是一小階段。但在這不太長也不太短的時程裡，他卻為中華民國在台灣創出一片前所罕見的燦爛天地。他用智慧開發經濟、用毅力澄清吏治、用決心革新風氣、用堅忍處理危機、用勤奮推動政事、用親和凝聚民心、用無私調和異同，以及種種創新、進步和前瞻性的作為，締造了舉世稱羨的所謂「台灣奇蹟」，或稱「經國之治」，其成果效應不但讓那個時段的每個人民都能切身感受，也對國家未來進展產生久遠影響。全球華人看到中華民國在台灣的政治清明、社會祥和、國豐民阜、足衣足食，對照海峽彼岸飽受文革浩劫的哀鴻遍野、民不聊生，因之無不寄望於中華民國的良法美制能夠成為促進整個中國改革開放的原動力（實則今日中國大陸經濟政策改弦易轍，得助於師法「台灣奇蹟」者至多，應無可否認）。而蔣經國之被一致肯定為這股進步動力的象徵和原創者，也就理所當然。

雖然有些不同政治立場的政客，不惜踐踏正義，對他不時構陷汙衊，來踐踏他的清譽，但畢竟公道尚在人心，歷年民意調查顯示，蔣經國始終居於最受民眾愛戴領袖之首，足證舉他為民國百年代表人物之一，確屬當之無愧。事實上，沒有當年輝煌的「經國之治」，也就難有今日民國的百年精彩。

從發展到均富

蔣經國之為政，在民眾心目中早就如同日月星辰般的皎潔明亮，那就應該檢驗一下他到底做了些什麼大事？到底有些什麼神通？讓人們念念不忘，永存感激。

首先要舉構成所謂「台灣奇蹟」的經濟建設。從他就任行政院長開始，其時正逢世界性能源危機和全球糧食恐慌，對正在起飛的台灣經濟產生巨大衝擊，因之在他就職後立即揭示，要以「國家利益為本、民眾利益為先」的根本大則，來加速經濟發展，安定社會繁榮，增進民眾福祉。他用簡明、肯定而有力的講詞連續發表他的財經政策，那些政策的精髓，扼要言之，可分六個重點：（1）要穩定物價，（2）要抑止通膨，（3）要平衡財政收支，（4）要均衡財富分配，（5）要促進經濟貿易的國際化和自由化，（6）要推動產業轉型。每一重點當然還有很多執行的細節，都是紮紮實實符合當時國家利益和民眾的需要，讓每項經濟建設計畫都能充分發揮最大效果。其中的具體計畫最為眾所樂道、一直膾炙人口的，便是「十項重要建設」。

「十項重要建設」是中華民國經濟發展史上一個極重要的里程碑，它的內容涵蓋了交通、重化工業、能源開發等各項公共基礎建設和改變工業結構的重要生產事業，總投資金額達到新台幣二千多億元，在當時可以說是集全國人力、財力、物力的一次總動員，其成敗關係到國家未來的盛衰。蔣經國以無比的決心和魄力發動這項大膽計畫，說出了「今日不做，明日後悔」的名言，也以超高施工效率和集體執行能力，全部如期完成。接著在後續的十年之中，再以更大的廣度和深度，繼續推動了「十二項」和「十四項」兩個建設計畫，其效益普遍惠及城市和鄉鎮民眾，大大提高了國民生活水準，使台灣經濟大放異彩，從開發中國家的起飛階段，逐漸跨進到開發國家行列，並躍登「亞洲經濟四小龍」之首。以下幾個簡單的指標數字足以表明蔣經國時代台灣經濟建設進步的成就：

——每人所得上升近十九倍
——平均失業率一・七%
——平均出口成長率二十六%
——平均工業生產成長率十二・二%
——平均生產毛額上升率九・〇%

（引用高希均教授為拙著《蔣經國晚年身影》所寫「出版者的話」；統計期間為民國五十八年至六十六年底）

經濟快速發展的同時，「經國之治」的更大成就則是他的「均富」政策。他深信「不患寡而患不均」的治國之道，認為過多的貧富差距是造成社會不安的潛因，所以他一直要求政府有關部門貫徹他的一個中心理念——「富中求均、均中求富」。多年來透過各種縮短貧富差距的租稅機制和社會福利措施，根據統計數字，證明從民國六十一年至民國七十七年期間，台灣每人GDP平均每年增長率高達十六・六％，但同期間國民所得分配以五等分位比較，最高和最低的差距始終保持四・五倍上下，顯然成果卓著，而被國際譽為一項典範性的指標。由此可見，蔣經國在福國利民上用心之深。

推動民主，宣布解嚴

從歷史縱深的角度來看，他為中華民國進行的民主建設工程，更應在史頁上留下重要篇章。他認識到「時代在變、潮流在變、環境在變」的大趨勢，所以他要為國家鋪設一條長治久安的康莊大道。他認為世界大勢是一場民主和非民主的戰爭，唯有民主法治的實踐，才能立足於天下。因之，他不斷致力於充實各級民意機關，實現健全的地方自治；他逐步改造國會，使它在保持全國性體制下具有更深厚的民意基礎；他接納不同政治立場的政黨（台獨除外），即使其建黨的法律程序尚未完備，亦不予取締；而最具震撼性的重大措施，則是宣布解除戒嚴。

台灣地區實施戒嚴，始自民國三十七年（一九四八年），持續近四十年之久，在法律涵義上依然處在軍事管制狀態，這對民國七十年代的國家現狀來說，無異是對民主法治的一大諷刺，即使其實際執行已經限縮到極小程度，但仍是民主大道上的路障，則是鐵一般的事實。蔣經國經過慎思和研究之後，決定行使總統權責，循法律程序，於民國七十六年（一九八七年）七月十五日向全世界宣布，自即日起解除戒嚴，讓人民的一切權利、義務和活動，回歸到正常法治的範疇。這一舉措，立即獲得全球一致讚揚，譽為中華民國邁向民主建設的一大進步。

隨著解嚴，人民組黨的相關法律跟著修訂，亦即所謂「黨禁」的全面開放；原有對於報紙出版的限制（限張限家）也隨之全部取消。數年之後，登記新成立的政黨如雨後春筍，多達六十餘個；新聞媒體的蓬勃發展，更造成空前榮景。顯然，這些都是解嚴開出的花、結成的果，實證了蔣經國推動民主的誠心。

吏治的寧靜革命

不能不提的，是他大刀闊斧的行政革新和雷厲風行的肅懲貪污。他認為要建立清明政治，必須要從革新行政做起。他提出一個範圍極廣的改革計畫，總的目標是要建造一個「開明的政府、開放的政治、開闊的前途」，在同一時期、用同一強度大力推行，尤其在端正政治風氣項目上絕不寬縱。因之不出一年，行政風氣大大改善，行政效率大大提高，政府公信力大大提升，公務員在民眾心目中的地位也大大不同，隨之更引導了社會風氣的改善。這樣的光景，國人認為這是中國歷代吏治上的一次寧靜革命。

在蔣經國的腦子裡，創新、改革、求進是永無止境的，也唯有他的魄力，方能以實際行動來徹底執行。可以想見，所謂「匡時政在人」，勤政愛民，事在人為而已。

最後的善政

最讓人感動、也令人唏噓的，是他生前最後的一項善政——開放大陸探親。蔣經國對於離鄉背井數十年的榮民老兵們一直有著濃濃的感情和深深的關懷，當他聽到榮民弟兄們發出「我們要回家」的呼聲，立即覺得政府有責任迅速協助他們實現返鄉的心願。於是他基於人道立場，不顧當時兩岸對峙情勢的嚴峻，毅然做出了石破天驚的決定——開放大陸探親。此舉不但讓老兵們如同久旱逢甘霖般的歡欣，同時也揭開了隔離兩岸數十年的帷幕，把兩岸不同制度的對比深入內陸，從而產生長遠的影響。

這事的執行，是在民國七十六年（一九八七年）十一月，距他逝世前不過一個多月，而就在這一個多月之間，他得知登記前往大陸探親的榮民弟兄竟達數萬人之多，他露出他最後一次的微笑，說道：「這事我們做對了！」

堅持公民權利重於政府權力

人云：「創奇蹟，建奇功，必由奇才異能的奇人為之」。蔣經國非奇人，但確有奇才；無異能，但確建奇功。民國百年以來功在國家者不少，但像蔣經國「運權如秤，恤民如子」那樣的為政風格則不多見。「經國之治」的時代意義是他帶領人民走正確的方向，給人民希望，讓人民增強信心，更難得的是，他一直保有公民權利重於政府權力的民主思維。所以「經國之治」獲得極高評價，非無成因。而且他：

絕對的大公無私

他的每一施政，其出發點都是一本大公，絕非為一人、一家、一黨的私利。他在行政革新中力言一切公務要「開大門，走正路」，就是要杜絕徇私。古時堯不傳子而傳舜，舜不傳子而傳禹，被譽為天下至公。民主時代當然沒有家人傳位的可能，但他一再昭示，絕不容許他的家族在任何公務中獲得任何私利，甚至還要公開宣示「蔣家人不會，也不能承繼總統」，就在顯示大公。俗語說：「人不為己，天誅地滅」，說明「自私」，原是人性的弱點，要做到絕對的大公無私，並非易事。而蔣經國的所有作為，對無私的嚴格要求，可謂滴水不漏，到了無懈可擊的地步，實屬難能可貴。他的政務推動，獲得民眾的充分支持，乃是由於對他「無私」的高度信任所致。

高瞻遠矚，政策走在形勢之前

他具有高超的智慧和卓越的遠見，往往能在眾所未見之前，或在眾議紛紜之際，看到未來的趨勢和需要，決定應走的道路，讓政策走到形勢的前面，迎解情勢的需要。而他的先見之明，也往往預判精準，符合國家發展的走勢，所以政策執行結果，都讓人民得到實際效益。本文前述經濟發展、十項建設、行政革新、解除戒嚴、開放黨禁報禁、以及開放大陸探親等種種重大政策，無一不是在他的高瞻遠矚下所產生的結果，其成就絕非偶然。

慎謀能斷，實事求是

他治理國政，人們經常看到他明快果決、當機立斷的風格，予人處事敏捷的印象。實則他在做出任何決策之前，每一項國家的大政方針，無不先經他本人及幕僚，或政府團隊與學者專家們，審慎研究，細密討論，詳盡剖析利弊得失，提出可行方案與建議，由他睿智判斷，作出裁決。其間雖多步驟，但絕對把握時效，決無拖延。諸如歷次經建計畫，中美及中日斷交的後續處理、解嚴的實施，以及國會改造等重大政務，都是審時度勢、務本務實的精心佳構。所以蔣經國處事明快風格的背後，實在具有勤謹、穩重、慎斷的基因。

貫徹始終，于底於成

慎於始是成功的一半，善於終則是完美的句點。蔣經國對所有決策成案的施政計畫必令研考單位列管，追蹤考核，詳察其進度、缺失及效果，隨時評估，作必要的補強或修正，務使每案落實目標，達到預期效益。最顯著的案例莫若十項重要建設，個個如期竣工，完成任務。有始有終，貫徹到底，是他執政的基本要求之一，也是成功的另一要素。

一心可得百人

之外，他的用人藝術，臻於至善之境。他不但在人事布局上把握「用人唯才」、「知人善任」和一般「用人不疑，疑人不用」的常理，更把重點置於人才的發掘和本土菁英的培植，凡經各種管道觀察、考核、評估能夠脫穎而出的廉能之士，定必優予拔擢，充分授權。更由於他絕不偏私，對部屬的工作和生活關懷備至，加上他從無個人英雄主義，總把一切施政的成果，歸屬於團隊集體的智慧和努力。因之所有公職人員，不論在何崗位，都有正面價值的自我感覺，人人奮發，蔚為國用。蔣經國的用人藝術，到了「一心可得百人」的境界。

人格特質形塑施政風格

俗云：「性格決定命運」，對政治人物而言，「性格決定成敗」。蔣經國施政風格的成型，源於他人格特質的因素者，關係至大。他具有天賦的幾項特質，明顯而強烈，讓他在謀事、行事、成事的過程中，產生巨大作用，最顯著的如：

堅忍

他冷靜、鎮定、沉著，有極大「忍」的耐力，常能忍人之不能忍。他瞭解「小不忍則亂大謀」的後果，所以處理危機、應付衝擊，沖破逆浪，都能不憂不怒，穩渡難關。當他面臨國際上的挫折如中美、中日斷交，國內動亂如中壢和高雄事件，經濟風暴如二次能源危機，黨外人士的偷跑建黨，國民大會的騷擾風波等等，無不憑藉他超強忍的力量，穩定了局面，安定了人心。一路走來，雖很艱辛，但他的忍辱負重，都是為國為民。

至誠

他深信「不誠無物」、「至誠無息」的哲理，所以為人誠懇，處事誠正。他從不說假話，從不玩手段，從不弄權謀，數十年如一日，從不變質。「坦率」、「坦誠」，言行一致，一向都是人們對他熟悉的標記，因之他的一切施政作為，都能大信昭昭，無人質疑。這個「誠」字是他個性中極為高尚的美德，也是他享有至高尊榮、最受民眾信任的主因。他至誠感人的故事，在民間到處可見可聞。

親和

「親」、「和」兩字各有它的釋義，但把這二字合用，則成為含有善意、謙虛、包容、禮讓、慈祥、溫婉、親切、和諧等等複合聚成的一個詞彙，代表接遇人物的一種優良姿態。而蔣經國個性中的確具有這些優良素質，並且把這些素質，融和黏合，成為一股極其自然、具有磁吸作用的「親和力」。凡和他交往溝通者，無不願意和他接近，願意做他朋友。這份出自內心的親和力，是他性格中最珍貴、最豐富的資產，在當代政治人物中確實很少見到具有他那樣魅力的「大眾友人」。他的政通人和，不是偶然。

不過，他的性格在一般常人眼中，並非完全沒有缺點，那就是他從不辯冤白謗，所有對他構陷、中傷的八卦報導和言論，他一概一笑置之，不究不理。他仿古人的話說「止謗莫若自修」，聖哉斯言！

「經國之治」足以傲世

站在中國歷史長城的高處來看，「經國之治」，足以傲世。雖然蔣經國本人從不求揚名（絕不允許為他塑像立碑），但他的政績多采多姿，猶似晚晴夕照、彩霞滿天的一幅美麗圖畫，他的形象，必將永垂丹青！

從來一個政治人物的歷史定位，常在身後百年，甚至數百年方有定論。本文既乏史家如椽之筆，更無意作阿諛的歌功頌德，目的只在據實述事，為一位時代人物的卓越貢獻，留下紀錄，作為典範，用勵來茲而已。

第三部

開創人文、科學、宗教

張大千

簡吉

吳大猷

楊振寧

星雲大師

第十三章

自學成功　揚名國際——

張大千

張大千／達志影像提供

文｜黃天才｜前中央通訊社董事長、社長

黃天才提供

張大千是一位天分極高、用功極勤的藝術家，他的終生成就，單靠天分不能達到，單靠用功也無法達到。張大千很謙虛，他曾說他的成就得自「七分人事三分天，余生性甚拙，但欲求人力以勝天耳。」（見張大千《畫說》）其實，應是「十分人事十分天」，才能造就一個「五百年來一大千」。

張大千天資聰敏過人，六、七歲時，經由畫花樣剪紙的母親和擅畫花鳥的姐姐教導開筆之後，他不斷自己塗塗畫畫，對繪畫發生了很大興趣。最初，家人並未注意到他這方面的天賦，雖然也由他兄長們教他讀古書，寫書法，卻並沒有讓他長大後靠筆墨為生的打算。他十七歲時，以畫虎聞名的二哥張善子把他帶到上海，他原想在上海覓師學畫，但父母不同意，遂由善子帶他去日本學染織。

在日本待了四年，大千回到國內，染織技術學會了，但他對這一行業實在不感興趣，藉口和家人鬧了一頓脾氣，負氣離家出走。父母親見他執意要學書畫，只好依他，同意他留在上海。

古人名跡就是老師

大千經由張善子的書法老師傅增湘引介，在上海拜書法名家曾熙（農髯）為師，學習書法；隨即由農髯師引介，拜在另一位書法大師李瑞清（號梅庵、清道人）門下。張大千此時剛滿二十歲，同時拜了曾、李兩位名師，這才算踏上了翰墨生涯的正途。

兩位老師都是書法大家，並不教畫，但大千平時在老師書房伺候筆硯時，發現兩位老師在繪畫上都有專長，於是，他特別注意兩位老師作畫的情形。據他多年後憶述：

兩師作書之餘，間喜作畫，梅師（李梅庵）酷好八大山人，喜為花竹松石，又以篆法為佛像。髯師（曾熙）則好石濤，為山水松梅，每以畫法通之書法，詔門人子弟。予乃效八大為墨荷，效石濤為山水，寫當前景物，兩師嗟許，謂可亂真。（張大千「四十年回顧展」自序）

張大千果然天資過人，又肯用功，他只是旁觀老師作畫，再遵照老師所指引，臨摹石濤、八大的畫作，居然就能畫出「亂真」的石濤、八大來了。此時，大千拜入師門不過一年左右。

張大千牛刀小試的幾件仿石濤作品，竟被著名老輩鑑藏家黃賓虹、羅振玉等誤當作石濤真跡購藏起來。事情傳出，震動了上海藝壇。

隨後他遠遊北京，他仿作的石濤，不僅瞞過了老畫家陳半丁的法眼，後來連「少帥」張學良珍藏的名貴古書畫中，也有不少張大千仿作的石濤在內。至此，大江南北藝壇都知道有「仿石濤專家」張大千這麼一號人物。

張大千臨摹石濤、八大成功，讓他得到很大鼓勵，同時讓他確信臨摹古人名跡是學畫的可靠法門。他決定不再另拜老師學畫了，古人名跡就是他的老師。當然，他知道這是一條非常艱苦的遠程修行道路，必須腳踏實地，認真的一步一腳印往前走，沒有捷徑，不容跨越，卻是唯一可以確保修成正果之路。

接著，他把臨摹對象擴大到和石濤、八大時代相近的其他名家，他的仿作同樣得到師友們的讚許。他大為興奮，索性把明、清兩代具代表性的畫家名作統統找出來，逐一認真臨摹，在晝夜不分的用功苦練之下，果然成績斐然，同儕友好們戲稱他「造假專家」，大夥稱許他具有「假誰像誰」的功夫。

系統化摹古，走出自己風格

摹古到了一定程度，他開始創作，「畫自己的畫」，並在上海舉行第一次公開個人畫展。

大千「初試啼聲」個人畫展，展出作品一百幅，包括山水、人物、花鳥、走獸等。內行者入場參觀，都感到很意外，當時享有「假石濤專家」盛名的張大千，展覽會上仿石濤的作品並不多，山水畫件中，隱約可見漸江、石谿的筆墨；松竹花鳥畫中，竟有新羅山人的影子；甚至還有「足以亂真」的金冬心墨竹與「漆書」。總之，這一百幅展品充分表現了大千在畫藝上的「多面手」功夫，不僅限於石濤、八大了。結果，展品一百件，全部賣光。此項結果，給他的鼓勵更大。他陸續在北京、天津、重慶、成都各地舉行個展，都非常成功。

他繼續擴大他的臨摹對象，對摹古以提升自己畫藝的信心愈來愈堅定。企圖心極強的張大千為自己擬訂了一個為中國傳統繪畫「溯源」的遠程計畫，決定循沿中華傳統藝術發展史的軌跡，從清、明兩朝起步，上溯元、宋、唐、隋而達北魏。這個龐大的遠程計畫，涵蓋了一千三、四百年的歷史歲月，與歷朝歷代具代表性名家的數百件傳世名作，他盡心盡力、晝夜不分的逐一臨摹到「足可亂真」。

在中國對日抗戰期間（一九三七年至一九四五年），張大千回家鄉四川成都避難，在極艱困的環境下，他遠赴敦煌，以將近三年的時間，臨摹了兩百多幅大小不一的石窟壁畫，讓他得以貼近的臨摹了從北魏、西魏、到隋唐五代的佛畫真跡。

從他二十一歲跟著書法老師臨摹石濤、八大開始，至他結束敦煌的「面壁」艱苦修行，整整三十年漫長歲月，張大千把中華傳統繪畫藝術發展史全部臨摹演練了一遍，完成了他「集大成」的宏願。

在整個臨摹過程中，張大千一直沿用他最初臨摹石濤、八大的「模式」，即一面臨摹古人名跡，一面本著當時摹古心得而從事創作，並舉行展覽，展示他在摹古作業上的進度及成績。因此，張大千一生所舉行的無數次公開展覽，內行人看多了就會發現他的畫經常在「變」，往往愈變愈好，原因就在他不斷向古代大師臨摹學習。大千生前好友、中國美術史專家陳定山曾說：「大千多變，變無不興。」就是這個道理。

以水墨進軍西方藝壇

張大千五十歲（一九四九年）繪畫藝術大成之際，他的藝術生涯遭遇了空前大挫折。當時，時局大勢逆轉，他在毫無心理準備的緊急情況下，倉皇離國，去到陌生的「海外」。在此之前，張大千除了早年短期旅遊到過日本和朝鮮之外，他沒有出過國，從來也沒有想過要到海外長久居留。西方世界，對他來說，只是地理上的名詞而已。

大千初離國門時，並不知道自己將遷居何處，他在香港、日本、印度等鄰近中國大陸的幾個地方兜來轉去，仔細觀察，並曾攜同妻女到印度大吉嶺去租屋「試住」過一年多，發覺都不是理想的安身立命之所。如此閒置流浪了兩年多，他忽然警覺不能再這樣晃晃蕩蕩的浪費光陰，更不能讓自己的後半生平平庸庸的度過。一九五二年二月間，他把妻女暫時安頓在香港，獨自和幾位好友赴南半球的阿根廷旅遊，希望找到一處完全生疏的新原野，遠離塵世煩囂，避免故土人情的無謂紛擾糾纏，讓自己享有隨意揮灑的自由空間，好好經營自己的後半生，創造出一個足以媲美，甚至超越自己前半生的大好天地來。

他選擇了南美，決定在巴西紮下大本營。

張大千決定遠遷南美之後，回到香港，他特地函邀他親如手足的宗弟張目寒到香港來。說有要事相商。大千把遠遷南美的決定及計畫告訴張目寒，並特別加以說明：

遠去異國，一來可以避免不必要的應酬煩囂，能於寂寞之鄉，經營深思，多作幾幅可以傳世的畫，再者，我可以將中國畫介紹到西方。中國畫的深奧，西方人極不易瞭解，而近年來偶有中國畫的展覽，多嫌浮淺，並不能給外國人留下深刻印象，更談不上震驚西方人的觀感。（見《張大千傳》，謝家孝著，台北希代書版公司出版）。

中國水墨畫家進軍西方藝壇的，張大千不是第一位，但從沒有人像張大千那樣始終堅守著中華文化本位的。以往，中國畫家到了西洋，發現中國水墨畫在西方藝壇根本無立足之地，於是，儘管他們在國內時所學習的原是以水墨為主，至此也只好放棄水墨而徹底改弦更張，全力攻習西方油畫了。極少數堅持用毛筆在西方藝壇苦拚的人，結果不是一事無成就是鎩羽而歸。這些殘酷的往例，張大千知道得比誰都清楚，但他還是鼓足勇氣往前衝，不惜把他前半生的盛名與成就全部押賭上了，所為何來呢？答案只有一句話：本諸他對發揚中華藝術文化精神的責任心與使命感而已！

張大千自一九五六年在南美巴西建造的「八德園」大致妥適之後，即陸續展開「進軍西方藝壇」的實際行動。

以臨摹敦煌壁畫作品轟動日法

首先，他選擇日本為進軍西方藝壇的「前鋒基地」。這是一個極重要而且極適當的選擇。他不選台灣，不選香港，因為這兩個地方對西洋藝術的「接受度」不像日本那麼高，西方藝術界比較重視日本的藝術活動。

張大千和日本書畫界及文物界在「二戰」以前就有相當程度的人際關係淵源，在選定日本為他的「西進計畫」的前鋒基地後，他於一九五五年十二月，由日本國立博物館、東京博物館、讀賣新聞社聯合舉辦「張大千書畫展」，並將自己所珍藏的中國歷代古書畫，編輯成四大冊《大風堂名跡》，在日本精印出版，並在他自己書畫展上同時展出。結果，不僅在日本造成轟動，更引起國際博物館界的注意及重視。法國巴黎東方藝術博物館（Musee Cernuschi）館長薩爾（Vadime Elisseeff）到場參觀，獲得深刻印象，經介紹認識了張大千，為大千「西進計畫」帶來適逢其會的契機。

薩爾館長聽說張大千曾在敦煌三年臨摹石窟壁畫，即向大千表示希望有機會欣賞他的臨摹畫作。

大千於是決定用自己在敦煌「面壁三年」所臨摹的敦煌壁畫作「敲門磚」，叩關巴黎。

他決定先在日本舉行「張大千臨摹敦煌石窟壁畫展」。

日本是當今世界上對「敦煌學」及敦煌文物最感興趣的國家之一，當年，日本探險家大谷光瑞和尚繼英國的斯坦因及法國的伯希和之後，到敦煌去，也曾弄走了不少佛教經卷及敦煌文物，為日本在「敦煌學」上打下了基礎；日本「東洋文庫」設有「敦煌文獻研究委員會」，由政府文部省（教育部）資助從事敦煌學的研究。敦煌學在日本一度是顯學之一。

當張大千攜帶著他在敦煌臨摹的五十多張「原樣原色，完全逼真」的壁畫，去和日本發行廣大的權威報紙「朝日新聞」洽商舉行他的臨摹壁畫展時，「朝日新聞」立刻同意。於是，一九五六年四月間，由「朝日新聞」主辦的

「張大千臨摹敦煌石窟壁畫展」在東京銀座松屋百貨公司九樓盛大舉行；不僅轟動日本，震波西向衝擊，直撞歐洲藝壇。

張大千以「臨摹敦煌壁畫」作敲門磚的戰術奏功，巴黎博物館的大門被他敲開了。張大千接受了薩爾館長的邀約，一九五六年四月的東京畫展剛結束，全部畫件立即空運巴黎。

張大千歐洲登陸成功，他認為這是他平生最重要的一次展覽，必須展現氣勢，一鳴驚人。在薩爾館長的安排下，他的「臨摹敦煌壁畫展」六月間即在巴黎東方藝術博物館盛大揭幕。兩個月前在東京震撼了日本藝壇的數十幅「原樣原色」敦煌壁畫，同樣震撼了法國藝壇。

張大千乘勝追擊，六月巴黎東方藝術博物館展覽的震波尚未停息，即由薩爾館長安排，緊接著七月在巴黎「當代美術館」（Musee d’Art Moderne）畫廊舉行「張大千近作展」，展出了張大千新近創作的三十幅山水、花卉、仕女人物，多彩多姿，充分表現了大千藝術創作的多方能耐。

與畢卡索歡聚暢談

張大千在巴黎的幾次展出非常成功，建立了穩固的灘頭陣地，在展開下一波展覽之前，他默默意念中有一個強烈心願：要會一會當代西方藝壇的「教父」畢卡索。

他在巴黎的所有朋友如趙無極、潘玉良、常玉等，都勸他不要去招惹那個老怪物，以免自討沒趣。甚至薩爾館長都勸張大千珍惜自己得來不易的名望及地位，犯不著去碰釘子。

張大千非常不服氣，他相信畢卡索知道張大千其人，他認為還沒有去叩門，怎麼就預料畢卡索會拒見他？「知難而退」本就不是張大千的性格。他僱用了一位中國留學生作翻譯，陪他們夫婦去坎城拜訪畢卡索。

結果，畢卡索熱情接待他們，歡聚了一個下午，聊天、合照、談藝術，畢老將一幅自作油畫贈送給張大千，並以法文題上「張大千教授」名款。（張大千接受親友建議，在西方國家活動時，以「教授」自稱，避免在國內用「大師」或在日本用「畫伯」稱號，西洋人聽不懂。）大千後來特地以一幅墨色濃淡對比的竹子回敬，以示「墨分五色」的中國水墨畫奧妙。

畢、張兩位大師歡聚暢談的新聞，在歐、美報章上大幅報導，被稱為藝壇盛事。

張大千第一次訪歐，就獲得如此成果，他自己也很高興，接下來的十年內（一九五六年至一九六六年），他雖然還是一如以往，每一兩年到台、港、日本一遊，但他的主要藝術活動是在歐洲，他陸續在英、德、瑞士、比利時、希臘各國的重要城市舉行畫展。他在西歐諸國打開了知名度之後，隨即推出他從中國古老的潑墨技法演繹發明的「潑彩」畫法，更讓西歐藝術界為之驚豔而大為轟動。這些年，他們夫婦穿的是中國服，講的是中國話，展出的是中國畫，代表的是中華藝術文化精神。

餘生餘事無餘憾

一九六七年，巴西的「八德園」因巴西建造水壩將被淹沒，張大千遷居美國，同時把藝術活動中心轉移美洲。

張大千活躍於歐洲藝壇十年所贏得的名聲，早已傳到了美國，因此，當他把藝術活動中心從歐洲轉移到美國時，已不需要像當年在歐洲開疆闢土時那麼辛苦吃力。他遷居美國後推出的「四十年回顧展」，揭開了他在美洲藝壇活動的序幕。隨後十年，他在美國從東岸到西岸的重要城市，舉辦了無數次大大小小的展覽。這十年他在南北美洲各國的藝術活動，不比他稍早在歐洲各國的活動少，在宣揚中華藝術文化的效果上，也足堪與在歐洲的成效相媲美。

一九七八年，大千八十歲了，他認為自己的「西進計畫」已大致完成，海外力拚了三十年，他可以心安理得的回國定居安享晚年了。台北竭誠歡迎他，他在外雙溪建造「摩耶精舍」，新居落成，心情愉悅，他作畫的豪情與興致大發，竟在八十一歲高齡，應好友之請繪製一幅將近二公尺高、十公尺寬的大畫，這就是他最後的巨構「廬山圖」，現由台灣故宮博物院珍藏。

張大千從美國遷居回台灣時，把他在美西選購的大石碑「梅丘」也運回了台北，安置在「摩耶精舍」庭院中，他心滿意足地吟詩自況：「餘生餘事無餘憾，死作梅花樹下魂」。

一九八三年四月二日，張大千以八十五歲高齡，壽終正寢於台北榮民總醫院，圓滿結束了他餘生餘事無餘憾的一生。

第十四章

牛背上的眼鏡先生——簡吉

簡吉／大眾教育基金會提供

文｜曾志朗｜中央研究院院士

曾志朗提供

有一位年輕的鄉村教師，目睹農民長期被欺壓的不公不義現象，又看見學生下課返家之後還要下田幫忙農務，因為過勞導致學習效果不佳，且面黃肌瘦，而自己當教員形同「月俸盜賊」，於是辭去教職，投身協助農民反抗剝削，他叫簡吉！

簡吉是誰？很多在台灣居住、長大的人不知道他是誰，但最近在台灣許多所公私立大學的校園裡，正廣泛流傳他的相片和事蹟，國立交通大學的人文社會研究中心甚至為他成立了一個特別的紀念研究室。空間雖然不大，但兩間小小的教室裡，新近粉刷的白牆貼滿了他的舊照片，有個人的，也有他小時候和父母兄弟合影的全家福，是台灣農家那種古老純樸的寫真照片；當然還有他參與農民抗日活動各項會議前後的眾人合影。最引我注目的是那張他頭戴草笠，鼻梁架著一副古早式的圓形眼鏡，打著赤腳，穿著傳統的台灣農衫，斜坐在牛背上的相片，顯現出很安逸的書生模樣，但堅忍的眼睛使我難忘。他就是把生命獻給貧窮農民的鄉村教師——簡吉。

我聽過簡吉的名字，在我很小的時候，在模模糊糊的記憶裡，被壓在一層層濃濃的恐懼之下，那是半個世紀以前的事了。

耳聞簡吉，兒時的恐懼記憶

我生長在台灣南部的一個山谷小鎮，週遭遍是樹林、果園和農田，最重要的產業是香蕉和蔗糖，那是台灣在一九五〇年代之後主要賺取外匯的兩種農作物，所以小鎮所處的山區雖然偏遠，經濟能量相較於附近的鄉村，算是很好的。鎮上市集繁榮，有酒家，有茶室，金飾店有好幾家，五金行林立，南北雜貨俱全，平日就是一幅安康富足的景象，可是我心中卻有好多解不開的疑問：為什麼班上那些家長是蔗農、蕉農的同學，中午的便當一打開，飯既少，又「無料」？他們家生產的香蕉和甘蔗不是外銷賺外國人的錢嗎？他們的衣服沾滿了香蕉汁，又破又爛，為什麼那麼辛苦工作的家長卻永遠買不起一套乾淨像樣的卡其布學生衣褲？

我比較好奇，又喜歡亂問問題，一般來說老師們也會很和藹可親地回答我。只是當我問到農家小孩便當很陽春又不夠吃時，總得不到我能滿意的答案，不是說農人本來就比較窮，收成不好就更窮，就是說商人比較聰明，比較會賺錢等等。但我看到青果合作社的廣場上，一箱又一箱的香蕉，被一車又一車的運走；糖廠的火車滿載白色的甘蔗，緊緊的綑綁在十幾節車廂上，疊得高高的，每隔幾個小時，就有一列火車由我們學校旁隆隆的往糖廠疾駛而去。收成沒有不好呀！但我的同學衣服照樣破舊，便當盒的菜色也沒有更豐富，他們家還是一樣窮。

有一天，學校來了一位年輕代課男老師，剛從城市裡的師範學校畢業，回家鄉的國小教書。新老師很會講故事，念起安徒生童話的每一篇故事時，臉部表情豐富，國語很標準，抑揚頓挫，字正腔圓，把我們這些鄉村的小孩迷死了，我們幾個小男生簡直是一群跟屁蟲，老師走到哪，我們就追到哪！我當然不放過這機會，又提出我的老問題。年輕的老師笑容不見了，眉頭緊蹙，很嚴肅的直視著我說：「幸虧你只是個小孩子！這類問題是大人的，你不要到處亂問，問什麼窮家小孩沒飯吃？老師告訴你一些故事，聽過就好，不要再去問東問西了！你難道沒有聽過大人們說：『天下第一憨，吃菸吹風；第二憨，種甘蔗給會社磅；第三憨，……』」

那年我小學六年級，當然聽說過蔗農和會社、蕉農和青果合作社之間的各種不公平關係，但那個炎炎夏日，在旗山國小的鳳凰木樹蔭下，我第一次聽到了農民悽慘的命運，他們不敢怒又不敢言的悲哀，聽到了農民組合的抗爭，也第一次知道有二林事件，知道了好多年以前，在日本殖民統治的時期，有一位年輕的鄉村教師，目睹農民長期被欺壓的不公不義現象，又看見學生下課返家之後還要下田幫忙農務，因為過勞導致學習效果不佳，且面黃肌瘦，而自己當教員形同「月俸盜賊」，於是辭去教職，投身協助農民反抗剝削，他叫簡吉！

我對老師說，簡吉很偉大喲！老師忽然緊張起來，叫我把這些「故事」忘記，不可以對別人談起他和我們講過這些故事，他驟然而來的恐懼感令我也害怕了起來。

說起來也巧，當天晚上，父親的幾位朋友像往常一樣來家裡喝茶聊天，我在一旁做功課，無意中聽到大人們閒聊的話題轉向香蕉收購價太低，蕉農血本無歸等等。我冒然插了一句話：「那就學鳳山那位簡吉先生的農民組合來反抗啊！」父親臉色大變，從椅子上站起來，快速走過來，揍了我肩膀一拳，很憤怒的罵我：「猴囝仔有耳無嘴，不要黑白講！你要害我們都被捉起來嗎？以後不准再亂問、亂說，聽到沒有！」

父親從小沒打過我，也沒有這麼大聲的在客人面前罵過我，我嚇了一大跳，尤其被父親恐慌的表情攝住了，這個震撼使我在往後的日子不敢再提農民組合，簡吉這個名字也被壓抑在記憶的深層裡。

再識簡吉，體認一個不朽的靈魂

民國九十二年（二〇〇三年），我在中央研究院當副院長，負責國家型數位典藏的科研計畫，那是國科會支持的唯一一個結合人文和資訊科技的大研究案。有一天我的出版業朋友王榮文先生（遠流出版公司董事長）和院內台灣史研究所的所長莊英章先生來我的辦公室看我，向我推薦一份手稿，說是日據時代因帶領農民反抗殖民政府而被關了十一年之久的一位鄉村教師在獄中所寫下來的日記。

我覺得故事非常熟悉，一眼看到作者名字「簡吉」，腦海裡轟的一聲，兒時的記憶瞬間浮現在眼前：那位年輕的代課老師（後來聽說他因思想問題被關起來，幾年後，又放出來在鎮上做生意，就是不准他再當教師）談起簡吉先生事蹟時的崇敬眼神，以及那天晚上我回到家裡因多嘴而挨父親生平唯一一拳的景象，全都歷歷如繪。緊接著，小時候的恐懼也隨記憶而來。還好，那恐怖的感覺一下子就消退了，因為台灣在二十一世紀初期的民主成就，人們已不必再有白色恐怖的憂心了。

獄中日記的手稿是簡吉先生第一次入獄（民國十八年（一九二九年）十二月二十日至民國十九年（一九三〇年）十二月二十四日）時所寫，由他的小兒子簡明仁在母親拜佛念經的經文布包中發現的。文字以日文書寫，但其中文句有很多處不相連貫，必須有精通日文的學者來把它們翻成中文，更要有深厚研究功力的台灣近代史學者來把文句的缺口補正，以還原當時簡吉人雖在獄中卻持續關懷農民組合、不屈不撓的抗暴真相（一年之後，簡吉先生又因領導「赤色救援會」被捕，殖民當局以台共罪名判他十年刑期，簡吉先生二度入獄，直至民國三十一年（一九四二年）出獄；民國三十四年（一九四五年）二次大戰結束後，國民政府仍無法改善農民生活，簡吉先生失望之餘，再度投身社會運動，爭取農民權益，終在民國三十九年（一九五〇年）被捕後，遭判處死刑，於隔年槍決）。

這些翻譯和歷史考證的工作都需要資金，但它們並不在台史所原先的預算編列中，莊所長希望我能把這本獄中日記納入數位典藏的研究計畫。我拿起手稿瀏覽了一下，也感受到冥冥之中這本手稿再現的意義。因為是用日文寫的，我看不懂，但其中有一段話，有人在旁做了翻譯：

有人說，「儘管每個人走的路是多麼不同，可是要抵達的地方都是墳場。」話是這麼說，實際上我的生命也到了此，即使是因襲世俗的忠實奴隸，一天又一天的過日子，也同樣是一輩子。

另一段話記錄了他寫信給農民組合的女性幹部簡娥：

情況愈發複雜化，恐怕會遇到更多困難，而我卻無能為力，每思及此就深感於心不安！但請你要更堅強地好好幹下去。我會冷靜、嚴肅和認真地，並像書中常說的「以我滿腔的熱忱」，從此鐵窗下經常寫信給你們！……不要被環境拖著走，或者缺乏嚴格、冷靜和認真的態度，要克服自己的一切軟弱情緒，這當然很困難，可是我認為你應做出最大努力。

想像那個殖民時代，人在監獄的黑暗中掙扎，這手稿所展現的理想和胸懷，真的令人動容。

我看著桌上散開的一些文稿，除了日記外，還有舊照片，記錄了當年簡吉先生領導農民組合向殖民政府抗爭的一些會議和演講實景，從「二林蔗農爭議事件」到後來成為全島性的農民團體「台灣農民組合」，從照片和報導會議的新聞剪報以及文宣作品中也可以看出，曾經當過教員的簡吉，在一九二〇年代的社會運動中應該是位擅長演講的風雲人士。據說當時農民組合舉辦的演講會，只要有簡吉，聽眾一定特別踴躍。這些相片、海報和文宣的書稿，見證了一位知識份子的社會關懷和不懼強權的勇氣，而獄中日記更展現出人道主義者高貴的情操和思維的細膩。我當然二話不說就答應莊所長，我會為它的出版找到資金，請大家放心！

簡吉的獄中日記經過詳盡的註解和歷史佐證，以精確的譯文在民國九十四年（二〇〇五年）出版。我想起小時候的那位老師，他一定很高興知道，他那個下午講古中的人物，我們現在不但可以不再懷有恐懼的對大眾說出他的故事，也可以把他的理想和受難的心事公開出版。我想簡吉先生也會很開心，因為他的後代正在繼承他的遺志，出錢出力；和學界合作，研發新的農作產品和有效的產銷方式，使農民得以在自己的土地上從事有科技元素的新型農業生產，活得有尊嚴！

繼承簡吉，陪他全省走透透

民國九十九年（二〇一〇年）十月四日，我應邀參加國立屏東科技大學（以農業見長）與大眾教育基金會合作舉辦的「簡吉與日據台灣農民運動特展」，特展的壁報上，大會寫了以下這兩段的簡介：

「追求公平正義」與「反抗壓迫」，向來就是推動進步的最大動力。但歷史上的反抗壓迫，往往遭致當權體制的血腥鎮壓，甚至連反抗的紀錄都被刻意抹殺。

日本殖民統治時期，台灣右翼與左翼反抗運動，在一九二〇年代初受到日本進步力量啟發後即波瀾壯闊展開，而後在一九一九年成立的「第三國際」影響下，進一步與全球被殖民地的農工運動，以及中國革命團體串聯整合。因此，要了解那個時代的農工及左翼政治運動，無論思想及策略，都不能離開當時代的日、俄、中等國進步運動的架構。一九二一年台南師院畢業的簡吉，大可過他的人生，但他眼見農民遭迫心感不平，毅然決然辭去令人稱羨的教職獻身農民運動，而逐漸成為一個難得的職業革命家與組織家。簡吉，就是台灣反抗運動史的密碼，從他身上也可以找到二二八事件被隱藏缺失已久的拼圖。

除了壁報上的這些話，我在開幕致詞中更強調，對歷史有完整、正確的認識，才會真實反映台灣今日的面貌，也會讓面向未來的腳步走得更穩健；平反不是為了延續仇恨，而是應該去問，先人的理想在他們的世代無法落實，那麼，在現代有可能嗎？今日的農民有較好的社經地位嗎？有免於遭受作物收購者的欺壓嗎？在極度工業化的時代，他們難道必須靠休耕補償金的施捨才能生存嗎？如果簡吉先生身處此時此地，他會有什麼樣的作為來提升農民的尊嚴呢？

我們要不停的問這些問題，來提醒我們的社會良知。我們更要全省走透透，到每一所大學院校巡迴展出簡吉的事蹟與理念，透過史實的呈現與分析，將日據時期的農民運動介紹給這一代的年輕學子，讓他們了解知識份子做為社會良知的堡壘，要更關心周遭發生的不公不義，也讓他們對先民奮鬥史有更深的認識，一起來讓台灣社會更完整。我們從北到南，已經走過很多學校了，但全島一百六十個大學院校，我們才走進不到十分之一的學校，要繼續走下去，還原這段被遺忘的歷史真相。

在慶祝建國百年的人物誌上，我選擇了不太為人知的簡吉，因為他的左派思維曾經在這島上被嚴禁過，他也因此犧牲了寶貴的生命，但我們對照今日台灣在思想文化的多元多樣，才能體會在這小島上，百年坎坷歷史所塑造出的台灣風貌是多麼了不起。

我很喜歡在高雄應用科技大學的藝術中心展覽時，海報上寫著「每一個時代裡的簡吉身影」。台灣今日的民主與自由，就是因為有簡吉這樣的人物，我們不可或忘！

值得一提的是，在交通大學的簡吉研究室存有一份文件，是愛因斯坦祝賀簡吉和他的農民組合成立時所發的電文。有幸目睹這封賀電，心裡只有一個念頭，我們與偉人同在！體認一位微小的知識份子的偉大情操之際，我們也更加理解，推動人道主義，爭取個人尊嚴，是沒有國界的！

第十五章

從美國「史巴尼克震驚」說起——吳大猷在台灣科學教育的貢獻

吳大猷／遠見雜誌提供

文｜丘宏義｜天文物理學家

科學教育是未來科技工業的基礎，因此在中小學教育中，一定要把科學及數學看成很重要的基本教育。吳大猷推動的時候卻是恰好，不能再遲——如果再遲一些，也許台灣就趕不上科技新時代的光臨了。如果當時的教育部不開通，不肯接受吳大猷建議的改革，真的不知後事會如何，可是吳大猷把這件事的功勞一直都歸功於參與的教師們。

丘宏義提供

民國九十九年（二〇一〇年）十二月七日，正當日本偷襲美國珍珠港六十九年紀念日之際，美國報章又一次報導了一個大震驚：中小學教育的失敗。這次引起的震撼程度不下於以前的兩個大震驚：日本偷襲珍珠港，以及在民國四十六年（一九五七年）十月四日，前蘇聯比美國早放上去的史巴尼克（Sputnik）人造衛星。前者可以說是大意失荊州，後者則是輕敵。

當時美國已經在積極進行人造衛星的工作，可是因為內部的爭執，一直都沒有成功，同時認為前蘇聯是獨裁國家，無法進行高科技的發展，可是前蘇聯不聲不響放上去的人造衛星要比美國準備放上去的重量大上九倍。朝野紛紛大叫不好，發明了一個「導彈差距」（missile gap）的名詞，即蘇聯的導彈技術高於美國，因此大量撥出鉅款來發展科學及科學教育。一時轟轟烈烈，造了許多科學博物館，大量培養科學及數學人才，發展教育，從初、高中做起。

從學生測試檢視國力差異

可是美國人非但輕視歷史的教訓，而且只有五分鐘的熱情。半世紀之後，民國九十九年（二〇一〇年）九月，一個民國五十年（一九六一年）在法國成立的國際經濟合作組織（Organisation for Economic Co-operation and

Development〔簡稱OECD〕），在六十五個國家中針對十五歲學生進行測試，測試內容分為三個項目：閱讀、科學及數學。這三項的榜首都是上海，其分數分別為五百五十六分、五百七十五分及六百分。在閱讀項目得到第二名的是南韓，五百三十九分（香港第四名，五百三十三分；台灣第二十三名，四百九十五分）。在科學項目得到第二名的是芬蘭，五百五十四分（香港第三名，五百四十九分；台灣第十二名，五百二十分）。在數學項目得到第二名的是新加坡，五百六十二分（香港第三名，五百五十五分；台灣第五名，五百四十三分）。美國在閱讀項目得到第十七名，五百分；在科學項目得到第二十三名，五百零二分，而數學則和愛爾蘭一樣，是報上列表的最後一名（實際名次第三十名），四百八十七分。（平均分數各為四百九十四分、五百零一分、四百九十七分）。

最令人吃驚的是，榜首和第二名的分數差距相當大。而在數學的測試中，所問的問題相當抽象。不少自命民主的人士，曾經創出一個無知的理論，聲稱箝制他們認可的「民主」，將使人們失去啟發能力。這就是給這類無知人士的最好反擊。這個消息發表之際，美國歐巴馬總統正好在南卡羅林納（Carolina）大學裡演講，他對這消息的評語是：

五十年後，我們的史巴尼克時代又一次來臨了。有印度及中國二十餘億的人口在國際經濟上和我們競爭，以現在的情形來看，美國又面對落後的危機。

有些天真的美國媒體還在夢想，說不要緊，這些菁英以後都會來美國替我們做事。換句話說，認為有錢就可以買到一切。就如同，我們軍隊不行，但是可以去租傭兵來替我們防禦。

有人向國際經濟合作組織說，上海是菁英所在地，考試也許會有菁英集中的偏差。這組織明年要在中國十幾個城市中舉行測試，可是中國有千餘年應付考試的經驗，恐怕這本領已經編在中國人的基因中了。一聽到要去其他城市考，這些城市就會快馬加鞭地去加緊努力準備。

中國物理之父作育英才無數

我說這個事蹟的原因是要特別指出吳大猷在中小學教育的貢獻。他除了是第一流的物理學家之外，也是第一流的教育家。借戰國時代名政治家兼學者管子的一句話：「十年樹木，百年樹人。」人的一生中可以去做事的時間只有三、四十年，受完大學教育的時間要二十年。百年樹人的說法指的是，教育要有長久的計畫。吳大猷一生從事教育，在生之際，看不大到他的功績，現在看到了。和戰國時代馮諼替孟嘗君「市義」的事蹟類似，當時看不到有什麼效果，後來孟嘗君失意了，回到領地，才看到所買到的義。教育是國之大計，效果不是五分鐘熱情可以看到的。

我在《吳大猷傳》中提到，他是中國物理之父。有人反對這個說法，因為他不是第一位把物理帶到中國的人。可是他是把現代物理的骨幹——量子物理，帶到中國的幾位關鍵物理學家之一，而在這些學者之中，他的貢獻最大，因此說他是中國物理之父，當之無愧。

他一生除了做了不少第一流的研究之外，還能得天下英才而教之。除了眾人皆知的李、楊得到科學上的至高榮譽之外，幾乎所有上幾代的中國物理界的頂尖人物，要不是他的學生，就是直接受過他教誨的學生的學生。他幾乎和美國原子彈之父奧本海默一樣：他去歐洲的時候，正好量子物理興起，他回來後，在美國兩個頂尖的大學（柏克萊加州大學及加州理工學院）同時兼教，所有量子物理第二代的學者都是他的學生。

光緒三十三年（一九〇七年）九月二十九日吳大猷出生於廣州。祖父吳桂丹，光緒十五年（一八八九年）進士，於光緒末年（一八九一年）入翰林院。父親是光緒開放恩科考上的舉人，曾出使菲律賓。可是他五歲時，父親染疾去世，此後家境蕭條，幸而母親堅決要培養他求學。他的伯父在天津任職，因此把他們全家招去。

吳大猷入南開中學（到現在還是頂尖的中學）。高二時，就考上南開大學（和清華、北大齊名）。起初念礦科，後來改念物理。這時正當物理界有一個震撼物理基礎的革命——量子物理的發現。畢業後幾年，得他的教授饒餘泰及葉企孫教授的大力推薦，獲得去美國進修研究院的獎學金。他選了密西根州立大學。該校雖然以足球為人所知，可是在學術上，和長春藤系的哈佛、耶魯不相上下。該校是當年量子物理的主幹，原子及分子光譜的主要研究中心之一。他在兩年內就得到了博士學位，到現在還是該大學在最短時間內拿到博士學位的學生。

最苦澀的歲月，最好的物理年代

民國二十三年（一九三四年）吳大猷回到中國，在北大任教授。他積極發展中國的物理，一方面教學，一方面又組織研究的團隊和實驗室。可是在民國二十六年（一九三七年）日本發動對中國的侵略，北京首遭占領。中國政府只好遷到四川。北大、清華等大學聯合成立西南聯大。一切研究都停頓，唯一沒有停頓的是教學。就在這時期內吳大猷教出了中國第二代及第三代的現代物理學家，包括李、楊在內。

民國三十四年（一九四五年）戰後，回到北大，可是在一年之後，中共開始成長，民國三十五年（一九四六年），吳大猷在無可奈何的情況下，出國研究。民國三十八年（一九四九年）國民政府遷台。台灣經濟情形處於搖擺不定中，百事待興。所有的學術都滯留在教學方面。

真可以說，吳大猷生在最好的物理時代，可是也生在中國最悲慘的一段時代。生不逢時，一生最好的時光就在中日戰爭及國共內戰中度過了。他去美國後，在不少大學講學。於民國三十七年（一九四八年），當選為中央研究院第一屆院士。在一九五六至一九五七年，台灣局勢趨於穩定，經濟開始發展，學術開始興起，邀請吳大猷回台策劃學術的發展。這時，吳大猷已經任職紐約州立大學水牛城分校物理系主任，這是責任很大的職位，不能說走就走，一直到民國六十七年（一九七八年）才真正地能功成身退。可是在民國五十二年（一九六三年）起，已經把重點移向台灣。除了回國講學之外，自民國五十六年至六十年（一九六七至一九七一年）任國家科學發展指導委員會主任委員，在民國五十六年至六十二年（一九六七至一九七三年）間任國家科學委員會主任委員。後者有關科學發展的實際措施。於民國七十二年至八十三年（一九八三到一九九四年）任中央研究院院長。在這段時期，美國尼克森總統訪中國大陸，解凍中國和美國的關係。不久後，聯合國承認中國，台灣就處於

「非國家」的地位。許多國際會議都無法參加，或受阻礙。這時吳大猷在維持台灣的會籍問題上下了不少功夫。現在大多數的會籍問題都已經解決了，這些問題已成為明日黃花，可是當時相當嚴重，因為台灣的科學及工業已上升，中國尚未施行改革，加上在文革時代，把所有的教育都停頓了，把許多頂尖的學術人士加以迫害。人民窮不聊生，等於是第三世界。事實上，台灣是那個時代的中國學術代表。

中小學科學教育改革的推手

從民國一百年（二〇一一年）的觀點，尤其是OECD最近的測試結果，我認為吳大猷的最大貢獻乃在推進改革台灣中小學的科學教育。科學的研究是日新月異的，一時很重要的發現，後來都會被新的替代或更新。而中小學的科學教育乃是國家之本，要以百年樹人的態度去看。我先提一下美國的情形，就可以借鏡看一下為什麼中小學的科學這麼重要。

現在美國的科學數學教育每況愈下。許多中小學的學生以不念科學及數學為榮，甚至於創出俚語說，這些科目不酷，即沒有魅力，或不棒。把在這些科目念得好的學生鄙稱為「nerd」，這字不太好翻譯，指的是討厭鬼，不中用的人（有點類似中文說的，百無一用是書生）。還有一批人自傲地說，我要把子女訓練成為領導人物。領導人物只要口才好、長得帥、靈活就行了，不必去念這些「nerd」念的科學和數學，又難，又不能出風頭。可是美國也有一句反諷的話，「Too many chiefs , no Indians.」即酋長太多，沒有印第安人；指發號施令的人太多，卻沒有真正能做事的人。要想當頭子，也不是件易事，做不成，又無一技之長，就成為畫虎不成反類犬的犧牲品了。美國最近失業人數激增，許多在領導人才邊緣的失業者，就是這批人，連髮型師都不能做。真是文不能執筆，武不能動手。

今年我的次子（某航太公司工程部主任）因為需要，在馬里蘭州立大學校本部念到了領導級商業管理碩士。畢業典禮中，大學部就有一千多名商業管理學士。前一個畢業典禮是工程學院的，大學部學士畢業生只有兩百五十名上下。我諷刺地問，要這麼多商業管理學士幹什麼？是否沃爾瑪（Walmart）需要這麼多的商業管理人才去賣從中國進口的消費品？所有的科學、工程研究院的大多數學生都來自中國、印度及其他國家，美國本土的學生不多。沒有這些外國學生，研究院就要關門了。而有些行業，如護士（在台灣，護士的社會地位不高，可是在美國卻很高，薪金很不錯，從學校剛畢業的年收入有六萬美元、資深的達十萬美元，而美國平均年收入為四萬美元），必須要在高中念過科學及數學且成績不錯才能進護校（現在是正式的大學本科）。一般美國高中畢業生沒有科學及數學的根基，進不去。醫院裡許多護士都來自第三世界的護校畢業生（有許多黑、黃、棕色臉孔），或菲律賓，也有不少中國人。這種情形就是沒有遠慮的後果——人無遠慮，必有近憂。

改編中小學教材，深耕科學智識

我把話題岔到美國的科學及數學教育每況愈下的原因是，台灣之能在OECD數學及科學測試中拿到在第五名及第十二名，比上海不如，可是名次還相當高，比美國高許多。（閱讀不行，大約是現在的中學生花在用行動電話打簡訊的時間太多了。）數學及科學好的原因可以推溯到吳大猷在一九七〇年代的工作。吳大猷一直認為非要改進台灣的中小學科學數學教育不可。曾上書教育部多次，建議要改編中小學各科各級的教材。那時的教材都是在抗戰（一九三七至一九四五年）前編輯的，內容早已過時，尤其是有關科學方面的。例如在物理方面。提到原子時，對量子論一字不提。

自史巴尼克放射後，美國的一般意見都認為根本的問題乃是在於中小學的科學教育。麻省理工學院教授摩里遜（Philip Morrison，我的恩師）開始提倡改革中小學的科學教育。他向美國科學基金會（NSF）申請到了一筆經費，召集了許多科學方面的專家，討論如何改革中小學的教育，改革的方法從課本及教員的訓練著手。國民政府就開始把這些美國改革過的課本及教學方法幾乎原封不動地翻譯成中文，搬到台灣來。

到了民國六十六年（一九七七年），許多大學同仁和吳大猷都感到這些教本不適國情，有不妥當的地方，乃建議教育部研討中學科學課程的標準和教材的重編。教育部支持這計畫，於一九七九年教育部成立科學教育指導委員會，吳大猷為主任委員。他聘請了曾任高級教育首長及大學校長之理工等出身者十餘人為委員；國立師範大學的科學教育中心（後來擴大其組織）為執行機構，聘數學、物理、化學、生物、地球科學、工程各組諮詢委員，各十至十二人。

> 由教育部支持，擬定預算，進行國中、高中各學科各年級的教科書，教師指引等。數年前我建議改編各科各級教材。目前乃能以大規模確實方式進行之。（〈吳大猷自訂年表〉，《八十自述》）

這個委員會的組織很廣，以適應不同科學園地的特色。委員會下設數學、物理、化學、生物、地球科學、工程科學六個諮詢委員。各有大學的教授約十餘人。初步工作乃國中、高中各科學課程標準的審訂。一旦審訂畢，就聘請大學教授，中學教師等百餘人，編寫國中、高中職專各年級全部數學、物理、化學、生物、地球科學的教課書，及教師的教學指引。寫畢，先在選擇過的若干國中、高中學校試教、修訂。三次後，才由國立編譯館出版為各校使用。參與這些計畫的人有數百人。

吳大猷的意願是「使凡受大學教育的基本科學智識水準。可較以前提高一些。」可是吳大猷覺得，因為大專聯考制度所引起的壓力，「使此項龐大努力工作，成效不如理想。」（吳大猷作，《在台工作回憶》）

科技是智慧的產物，智慧是教育的結晶

我覺得即使吳大猷認為「成效不如理想」，這個「龐大努力工作」仍是吳大猷在一般教育方面最有貢獻的一件。當然，他在大學等高等教育方面已有了極大的貢獻，可是這些僅是在純學術方面的貢獻，可以說直接受益人是「象牙塔」中的成員。而這件改革中小學的科學教育的事卻幾乎影響到每一個人。

在民國六十八年（一九七九年）的時候，台灣的經濟已經大幅上升，可是許多人還沒有看出，以科技為主的新經濟將要來臨。在一七六〇年工業革命以前，世界上幾乎所有的經濟都以手工業和農業為主。工業革命後的新經濟是以

機械製造業為主的機械經濟，以工廠的產品為主。要製造工業產品，必須要有原料及市場。把中國人從自大的夢驚醒的鴉片戰爭主要潛因，乃是因為這些西方工業化國家要把他們的工業產品打進入中國的市場。英、法、荷蘭、德國等國在亞洲、非洲等地侵占弱國，設殖民地的主要目的乃是在尋找原料及控制市場；日本侵略中國的主要目的就是要原料及市場。

二次大戰後，日本失去了所有侵占而來的土地，可是它的經濟反而成長。有很長一段時間，人們認為日本經濟的成長是一種不能瞭解的奇蹟。後來台灣、韓國（四小龍）跟進，使許多人驚奇，說這些沒有自然資源的國家的經濟怎樣會這麼奇蹟式的上升。現在當然知道了，上升的原因很簡單：機械經濟將被科技經濟取代了，脫離了以原料為主題的形態，取而代之的是以智慧為原動力的高科技經濟，科技的功用可以說是幾乎能從無中生有。

美國以前的經濟主要原動力是汽車業；把許多原料用工技配合起來，成為能自動運轉的汽車。可是這個在上升中的新經濟卻不需要大宗原料。以製藥業為例，成品的質量很少，可是需要很高深的智識。許多的藥如果以重量計，比黃金要貴上不知道多少倍。以電腦為例，電腦的心臟是微處理器（microprocessor），其晶片重量連一克都不到，其值可達五百餘美元，為黃金的許多倍。而晶片的主要材料是不值錢的沙子，過程就是高科技。當然，十年後，這枚五百美元的微處理器就要丟到垃圾堆去了。黃金仍舊是黃金。可是，如果有科技，又有新的出來，也能賣五百美元。因此，有了科技，就如有了神話中能生金蛋的鵝；金蛋可以源源不絕而來。科技是智慧的產物，而智慧來自教育。如果不從基本科學教育著手，不在中小學好好的教科學，就如殺鵝取蛋一樣。

科技人才有不同的等級。如果把所有的等級都以數目表示出來。就如金字塔——當然要有最高等級的人才，其數目很少。可是如果只有這些最高等級的人，而沒有支援他們的次高等級的人才，等於在唱獨角戲，無法成大業。因此最高等級的人才需要若干次高級的人才來支援。而每一位次高級的人才也需要若干再次一級的人才。如是而下，最後形成一個金字塔的結構。這金字塔的底部就是廣大的人民。如果這金字塔很結實，就能發展出好的科技，所有在這金字塔中的人民都能受益。可是要作為這金字塔的一員，必須要有適當的科技訓練。因此所有的先進國家最注重的是科學教育。

在對的時間做對的事

科學教育是未來科技工業的基礎，因此在中小學教育中，一定要把科學及數學看成很重要的基本教育。吳大猷推動的時候卻是恰好，不能再遲——如果再遲一些，也許台灣就趕不上科技新時代的光臨了。如果當時的教育部不開通，不肯接受吳大猷建議的改革，真的不知後事會如何，可是吳大猷把這件事的功勞一直都歸功於參與的教師們。照他的說法，這些教師對改革很熱心，如果沒有他們的熱誠忱，不可能完成這件工作的。對這些教師們來說，參與這件工作需要做額外的工作，可是他們毫無怨言。吳大猷說，這些教師用這些教材試教，然後檢討教學成果，反應出教材的缺點及優點，因此不斷地改進。這些中小學的科學教材是教師們親身參與發展出來的，因此有特別的親切感，也不是閉門造車出來的產品。

當年吳大猷的科學研究早已被許多新的發展所取代，許多他在科學方面的貢獻也被後浪推走，所有一切的策劃都會受時代的改變而演進。可是，從藺抽絲起頭難。現在回顧他的貢獻，以他的聲望來做中小學科學數學教育，也許有人會說大材小用，可是以遠慮的眼光來看，這也許是他最有持久性的貢獻。現在吳大猷已去世十年，可是他在中、小學科學教育方面的貢獻卻一直繼續下去，這一代被下一代接著火炬地接力傳下去。

第十六章

科學獨行者——楊振寧

楊振寧／達志影像提供

文｜江才健｜台灣大學新聞研究所兼任副教授

江才健提供

楊振寧的科學品味，展現出一種令人欣羨的簡約優美風格，使他在當今物理科學上，已然成為一臻於藝境的創造者。他一生最重要工作的「楊—密爾斯理論」，以及在統計物理方面的頂尖工作，都逐漸顯現出具有跨越理論物理和數學的深邃內涵，益發使他成為在物理科學上開創新境的一代宗師。

一九二二年楊振寧在安徽合肥市出生時，成立才十一年的中華民國還是一南北分治、地方軍閥盤據、外國勢力覬覦的亂局。楊振寧是楊家的「振」字輩，他出生時，父親楊武之在安徽當時的省會安慶教書，安慶的舊名是「懷寧」，楊振寧的「寧」就是這樣來的。

幼年深植文史素養

楊振寧出生未滿週歲，父親楊武之因考上安徽省官費留美，民國十二年（一九二三年）就赴美留學，他先在史丹福大學讀書一年，得到數學學士學位，第二年入芝加哥大學，到民國十七年（一九二八年）得到數學博士。

楊振寧的母親羅孟華是舊式婦女，沒有機會接受多少教育，她是指腹為婚的許配給楊武之。父親出國之後，楊振寧與母親在安徽的大家庭中生活，母親意志堅強，給楊振寧終生的影響，楊振寧吃母奶吃到兩歲，感情上與母親十分親近。父親不在的五年，母親在大家庭中生活，難免有些委屈，也只能跟兒子說一說，楊振寧不但成為母親唯一的精神支柱，也造成他比較早熟。

母親羅孟華沒有機會受教育，對楊振寧的教育十分重視，她想辦法讓楊振寧認得方塊字，還讓楊振寧跟一位老先生讀書，楊振寧記得他念了一年包含自然知識和歷史典故的文言啟蒙讀物《龍文鞭影》，可以背得滾瓜爛熟。那段時間，為了躲避混戰的軍閥，有時要跑到鄉下或醫院裡去躲避，那叫做「跑反」。

民國十七年（一九二八年）父親楊武之由美國留學回來，六歲的楊振寧說他等於是看見了一個陌生人，欣喜中難免羞怯。他背古書給父親聽，也懂得其中的意思，父親很高興，送了他一枝自來水筆，那是十分稀奇的東西。

楊武之由國外留學回來，沒有如當時許多留學生一樣的休妻另娶，他帶著太太和兒子到廈門大學數學系教書，楊振寧也在廈門這個很現代化的城市，享受他有父有母的完整童年。

民國十八年（一九二九年）楊武之應聘到清華大學數學系任教，他們舉家搬到北平，住進清華園西院十九號，楊振寧在那裡度過八年愉快的童年和少年歲月。他先進了清華校園裡的成志學校三年級，民國二十二年（一九三三年）又進了當時的北平崇德中學。楊家由廈門搬到清華，已經有一個民國十五年（一九二六年）出生的大弟楊振平，後來又有民國二十一年（一九三二年）出生的二弟楊振漢，以及民國二十三年（一九三四年）出生的妹妹楊振玉，楊振寧長兄如父，帶領也管教弟妹，這也養成他一生大哥式的領導能力和個性。

楊振寧在中學時期，就已顯現出數學方面的早慧天分，楊武之雖然是數學家，卻沒有揠苗助長地讓楊振寧念高深的數學，反而找人來教兒子念孟子，這使得楊振寧自幼在文史知識方面，就有著較為寬廣的視野和素養。

就讀西南聯大，聲名鵲起

民國二十六年（一九三七年）中日戰起，才念完高一的楊振寧，跟隨父親回到合肥老家，幾個月後，再跟隨由湖南趕回的父親，經陸路到香港，再經越南到昆明。民國二十七年（一九三八年）楊振寧以高二肄業同等學力報考由北京、清華和天津南開大學合辦的西南聯合大學，楊振寧在那個鐵皮屋頂、泥土地面、窗戶沒有玻璃的西南聯大，扎下他堅實的物理科學知識根基。

在西南聯大，楊振寧很快的就聲名鵲起，他可以與父親討論一些數學概念，老師吳大猷也領他進入對稱物理的研究方向。民國三十一年（一九四二年）楊振寧西南聯大畢業，又考入研究所，第二年他參加留美庚款考試，考試所向無敵的楊振寧，果然就高中了物理學門，他一面繼續唸書，還在西南聯大附中教書，當時學生當中有蔣介石手下愛將杜聿明的長女杜致禮。杜致禮上了楊振寧一年的數學課，五年後楊振寧在美國巧遇杜致禮，兩人很快結為夫妻。

民國三十四年（一九四五年）對日戰爭終了，楊振寧由昆明到印度加爾各答，十一月坐上運兵船，踏上赴美求學之途。

民國三十五年（一九四六年）一月，楊振寧進芝加哥大學研究所，成為大物理學家費米的學生，楊振寧的同學很快地發現，這個由中國來的、瘦瘦的、很謙虛的同學法蘭克·楊，物理知識異常淵博，老師費米知道的，他都知道。楊振寧天分過人，有一次考試他只花十分鐘就交卷，同學卻在教室裡奮鬥了一個小時。

楊振寧雖然在物理理論方面能力超凡，但是他想做的是實驗物理，而在實驗方面，他也是出名的笨拙，他的笨拙到了一個地步，在同學間都流傳著一個笑話，那就是「Where there is a bang，there is Yang」（哪裡有爆炸，哪裡就有楊振寧），楊振寧只好去找後來有「美國氫彈之父」稱號的大物理學家泰勒。

泰勒很欣賞楊振寧的物理才分，於是建議他以一篇理論論文作為博士研究題目，楊振寧論文原本只有三頁，幾經泰勒建議，最後完成了一篇大約十頁的博士論文。多年之後，泰勒寫回憶文章，提到這個經過，說這是他指導過最短的、也是最優秀的博士論文。

物理領域的重大成就

由於楊振寧在物理方面的過人天分，因此在他完成博士研究之後，芝加哥大學居然打破常規，留用他做講師。一年後，楊振寧到大物理學家歐本海默主持的普林斯頓高等研究院，因為那裡有一群年輕優秀的物理學家，正在做一個他極感興趣的重整化問題。楊振寧去普林斯頓以前，他的老師費米勸他不要在那裡停留太久，因為那個學術象牙塔像個修道院，是愛因斯坦那樣的科學家待的，不適合楊振寧這種年輕科學家，但是楊振寧一去十七年，卻也做出了他物理生涯中好幾項最傑出的工作。

楊振寧在普林斯頓高等研究院時期的一項重要工作，是民國四十三年（一九五四年）與一個和他共用研究室的年輕博士生密爾斯共同完成。這個由同位旋和電磁場論出發的理論探究，是一個極其美妙的數學結構，顯現出楊振寧一貫的精簡風格，這個理論初提出時，由於客觀科學發展沒有成熟條件，使得其中一些問題不能為人所了解，也曾經受到大物理學家鮑利當面的質疑。

但是這個理論的數學觀照十分寬廣，到了一九六〇年代，有幾位物理學家引進了「對稱破缺」的新觀念，造成基本粒子理論物理「標準模型」的集大成，而這一切的發展，都是建基在當年楊振寧和密爾斯所發展的那個規範場理論的數學架構之上。

現在這個一般稱之為「楊—密爾斯理論」的工作，已被公認是二十世紀後半葉物理科學最重要的一個理論。因為這個工作，楊振寧在民國八十四年（一九九五年）獲得美國歷史最悠久的富蘭克林學會頒授地位崇隆的鮑爾科學獎，在這個獎項的頌詞中，稱讚楊振寧的這個理論模型，和牛頓、馬克士威以及愛因斯坦的工作可以相提並論，必將對未來世代有著足堪比擬的影響。

在發表「楊—密爾斯理論」的後兩年，楊振寧和李政道合作，共同寫了一篇論文，對於在弱作用的宇稱守恆提出質疑，這篇假想論文經中國最傑出的女性物理學家吳健雄率先以實驗證實後，兩人在民國四十六年（一九五七年）成為最早獲得諾貝爾獎的中國人，楊、李獲獎時，二人皆持中華民國護照，因此他們是到目前為止，在諾貝爾獎正式紀錄上，唯二的中國籍得主。

楊振寧在物理科學上的第三個重要工作，是在統計物理方面。在這個以或然率概念處理複雜物理系統的領域中，他曾經和不同的物理學家合作，做過相當廣泛的工作，其中一項工作甚至得到晚年的愛因斯坦注意，並找他和合作者李政道去見面談話。他自己對低溫凝聚態物理現象的特別興趣，以及在數學方面的強大能力，使得他一九七〇年代與澳洲物理學家巴克斯特所發展出來的「楊—巴克斯特方程」，在物理和數學方面都有很大的影響和發展性，另外一九六〇年代他所做的液態氦的非對角長程序工作，使得他成為統計物理領域的頂尖大師。

民國八十八年（一九九九年）美國物理學會在亞特蘭大舉行的百週年年會上，將以統計物理領域大師翁薩格為名、地位崇隆的翁薩格獎頒給楊振寧，在頒獎頒辭上稱讚楊振寧，在統計力學和量子流體理論方面有（多項）基本而開創性的貢獻。

重訪中國引發爭議

楊振寧民國三十四年（一九四五年）離開中國大陸，到民國六十年（一九七一年）因尼克森總統準備打開與中國的交往之門，楊振寧率先得在七月間回到中國，探望久違的父母家人以及故舊摯友，也由中國政府安排了一些特別的參訪，停留約一個月。

回到美國後，楊振寧受邀在美國許多地方，甚至在歐洲演講，由於當時大陸仍處於冷戰封閉局面，楊振寧的演講因此造成大轟動。他因久去故國，鄉情真切，因此對中國大陸的介紹，反映出他自己一種激動的民族熱情視野，他看到自己去國後中國的巨大改變，也看到同窗好友在中國的獻身奮鬥，在在使他有一種虧欠和愧疚之感，這也使得他的演講呈現出一種一廂情願的感情，甚至被批評有著幼稚的熱情。多年後他自己承認，初回中國感情上的極大衝擊，造成他沒有看清楚許多事情，說自己是一個蹩腳的新聞記者，但是楊振寧並沒有停止他希望替中國貢獻心力的願望。

民國六十年（一九七一年）後他持續訪問中國，不但很早便向周恩來總理當面反應，希望改變文化大革命中對知識份子的一些不適合措施，這甚至遭受到一些文革份子的批評和敵意。一九七〇年代晚期，楊振寧又獨持異議，反對中國大陸在當時就蓋高能加速器，這不但引致他和一些物理學家的一場辯論，甚至不為政府當道所喜。

當然，楊振寧在七〇年代的首訪大陸，又公開瑜揚中共政權，引起在台灣中華民國政府的不悅，由於楊振寧在民國四十七年（一九五八年）獲選為中研院院士，因此在國內和海外的媒體中，便有些對他的激烈批評，甚至家裡還接到威脅恐嚇的電話和信函，在政府和國民黨內部不公開的資料中，楊振寧和一些親「匪」的院士，甚至被冠以「某匪」的稱號，有人還主張撤銷他們的院士資格，不過這種主張沒有得到蔣經國總統的同意。

民國七十五年（一九八六年）楊振寧首次回台灣出席中研院院士會議，主要是因為民國七十二年（一九八三年）他的老師吳大猷做了中研院的院長。以後楊振寧不但經常來台出席院士會議，也常到台灣訪問講學和作公開演講，有時會停留相當長的時間。

轉彎，看見人生另一番風景

一九八〇年代初起，楊振寧接受了香港中文大學邀請，擔任「博文講座」教授，寒暑假指導物理研究並參與一些諮議顧問工作。楊振寧去香港，也是因為父親楊武之民國六十二年（一九七三年）去世以後，母親與弟妹們住在上海，楊振寧與母親十分親近，因此曾經將母親和弟妹接到香港，他接受中文大學的安排，也是為了可以有機會照顧母親。

民國八十六年（一九九七年）香港回歸以前，由於港督是大學最高首長，頒授榮譽博士學位時，接受人要向港督鞠躬，楊振寧因為不願意如此做，到一九九七年香港回歸之後，才接受了中文大學以及浸會大學的榮譽博士學位。現在楊振寧還一直是中文大學博文講座教授，對香港學術教育和文化的投入甚深。近些年楊振寧也常到新加坡訪問，對新加坡的學術文化都甚投入，還擔任新加坡南洋理工大學高等研究所的學術顧問。

楊振寧民國五十五年（一九六六年）離開普林斯頓高等研究院，轉到紐約大學石溪分校建立並主持一個理論物理研究所，到民國八十八年（一九九九年）由石溪正式退休。那年在長島茱萸花盛開時節的五月，石溪理論物理研究所特別舉辦楊振寧的退休研討會，數十位諾貝爾獎得主和物理領域的頂尖科學家出席盛會。被美國學界公認的一流物理學家，也是科學文化傳奇人物戴森，特別在最後的晚宴上演講，他表達出與楊振寧的惺惺相惜之情，也盛讚楊振寧是二十世紀物理科學樹立風格的一代大師，更是一個知所節制的保守革命者。

楊振寧在民國八十八年（一九九九年）退休以前，已經過一次心臟血管繞道大手術，那幾年裡太太杜致禮也已罹癌治療，到民國民國九十二年（二〇〇三年）十月杜致禮病逝，楊振寧失去五十三年的生活伴侶，那年年底一個人搬回北京常住，到他早幾年答應並幫助北京清華大學建立起來的高等研究中心工作。楊振寧住進清華大學特別為他準備的住屋，過起在北京的全新生活。

民國九十三年（二〇〇四年）初，楊振寧到香港中文大學，收到一封賀卡，是翁帆由廣州寄到美國，再轉寄到香港的。楊振寧初次看到翁帆是民國八十四年（一九九五年），那年海外華人物理學會大會在汕頭大學舉行，為了接待楊振寧、李政道、丁肇中和李遠哲四位與會的諾貝爾獎得主，學校各派出一個接待學生，翁帆正是楊振寧和太太杜致禮的接待。幾天相處，他們很喜歡翁帆，後來翁帆偶與他們有通信往來，二〇〇四年再聯絡時，翁帆是廣東外語外貿大學英語翻譯碩士研究生。翁帆在賀卡上寫了她的電話，楊振寧給翁帆打電話，後來翁帆到香港看楊振寧，兩人開始交往，到二〇〇四年十一月兩人公開訂婚的消息，引起轟動，隨後很快結婚。

這些年楊振寧主要住在北京，每年幾個月在香港，每年也會到美國一次，看看在美的兩個兒子和一個女兒，另外常有會議或訪問，他會到亞洲及歐洲和澳洲等地，這些旅行都有翁帆的陪伴和照顧。

開創物理科學新境

楊振寧雖年逾八旬，但健康情形良好，思慮清明，眼力未衰，只有在大演講廳裡，需要助聽器幫忙改善聽力。過去記憶力驚人的楊振寧，還是舊事新物，博聞強記，不過私下半開玩笑會說，過去如果有人說他記不住事，他絕對不信，最近開始相信了。

無論是在北京或是香港，楊振寧上午多還是去辦公室工作，下午基本上不去，還會睡一個多鐘頭的午覺，他在電腦上相當積極，一般來說電子郵件的回覆相當迅速。

在物理研究方面，雖然楊振寧已不如過去那樣的奮力在前沿上工作，但是這幾年仍寫了幾篇很好的論文，刊登在一流期刊。這些延續他一九六〇年代的統計物理工作，近年因為實驗技術精進，有了許多極美妙的新實驗結果，造成一個被稱之為「冷原子」的熱門領域，也使他六〇年代的工作被證實了，因此楊振寧重拾舊筆，再成新篇。

楊振寧說自己十分幸運，到了這樣的年紀，還有機會和能力能夠在科學領域工作，他說這在科學史上，也是很少見的。

楊振寧的科學品味，展現出一種令人欣羨的簡約優美風格，使他在當今物理科學上，已然成為一臻於藝境的創造者。他一生最重要工作的「楊—密爾斯理論」，以及在統計物理方面的頂尖工作，都逐漸顯現出具有跨越理論物理和數學的深邃內涵，益發使他成為在物理科學上開創新境的一代宗師。

楊振寧一向仰慕愛因斯坦物理科學的視野，他心儀愛因斯坦「物理理論追求幾何化數學美感」的信念。雖然不像晚年的愛因斯坦，備受同儕批評，但在科學探索的路途上，楊振寧同樣是一個獨行者。就某種意義來說，他也是沒有「同儕」的。

民國六十五年（一九七六年）諾貝爾物理獎得主丁肇中曾經說：「中國人在國際科學上有不朽之功蹟者，乃自楊振寧始。」真正了解這句話的意義，就能夠體認楊振寧在近代科學上的不朽地位。

第十七章

佛光山人間佛教的興起——星雲奇蹟

星雲大師／佛光山寺法堂書記室提供

文｜高希均｜遠見・天下文化事業群董事長

遠見雜誌提供

在台灣，在大陸，在其他華僑地區，以及世界各地（從日內瓦、東京到雪梨），人間佛教、佛光山、星雲大師已變成了「台灣之光」。他的一生：改革了佛教，改善了人心，改變了世界。這是「台灣奇蹟」的一部分，這是台灣「寧靜革命」的一部分，這是在慶祝開國百年中一位值得尊敬的人物。

一位十二歲的揚州和尚，二十三歲從大陸到台灣，沒有親人，不諳台語，孤苦無援；還被誣陷為匪諜入獄二十三天；但腦無雜念，心無二用，投下了六十年的心血，開創了一個無限的人間佛教世界。

這位法名「悟徹」的出家人，就是現在大家尊稱的星雲大師。

在台灣，在大陸，在其他華僑地區，以及世界各地（從日內瓦、東京到雪梨），人間佛教、佛光山、星雲大師已變成了「台灣之光」。

他的一生：改革了佛教，改善了人心，改變了世界。

這是「台灣奇蹟」的一部分，這是台灣「寧靜革命」的一部分，這是在慶祝開國百年中一位值得尊敬的人物。

（一）「奇蹟」起因於一念

六十年來的台灣社會，已經從貧窮變成小康，從閉塞變成開放，從威權變成多元，人才與言論早已是百花齊放、百家爭鳴。在宗教界，能結合佛教思想與人生幸福，再加以多方面實踐與全球性推廣的領袖，當推佛光山星雲大師。

對大多數人來說，他們並不清楚佛光山的信徒到底有幾百萬人？每年在世界各地佛法的宣揚有幾百場？遍布世界各地的道場有多少個？組織的讀書會有幾千個？出版的佛學專著有幾百種？但很多人都能體會到佛光山無遠弗屆的影響力。

我的觀察是，這些在海內外的成就以及對台灣社會的貢獻，起因於一個念頭：推動人間佛教。年輕的星雲，從宜蘭做起。他所嚮往的就是：

佛說的、人要的、淨化的、善美的；凡是有助於幸福人生增進的教法，都是人間佛教。

不懂精深佛理的人，也都能懂這樣平易近人的解釋。

人間佛教的提倡，是透過各種直接與間接方式、宗教與非宗教活動走進人群、走進社會、走進生活以及走向國際時，追隨的人——信徒以及非信徒——都被這些信念與行為所感動：給人信心、給人歡喜、給人希望、給人方便。他又深知人生離不開金錢、愛情、名位、權力，因此又不斷提倡「要過合理的經濟生活、正義的政治生活、服務的社會生活、藝術的道德生活、尊重的倫理生活、淨化的感情生活」。

他自己則從不間斷著述立論、興學育才、講經說法、推廣實踐，六十年如一日。他的辛苦沒有白費；他的成就難以細述，在文教領域：

- 一九六七年創建佛光山，啟動「人間佛教」弘法之路。
- 創辦了十六所佛教學院，二十二所美術館。
- 在美、台、澳洲創辦了四所大學，二十六所圖書館。
- 在台灣另有八所社區大學，在世界各地有五十所中華學校。
- 重編藏經，翻譯白話經典。
- 成立出版社、圖書館、電台、人間衛視、《人間福報》等。
- 海外已有兩百多個別分院與道場。
- 個人獲得的榮譽（如榮譽博士、勳章、獎狀等）更逾百位數，包括最近中山大學（高雄）、香港大學致贈的榮譽博士。

在一般人（包括我自己）的內心深處總想了解星雲大師：

- 如何以其智慧，把深奧的佛理變成人人可以親近的道理？
- 如何以其毅力，再把這些道理變成具體的示範？
- 又如何會有這樣的才能，把龐大的組織管理得井然有序？
- 又如何會有這樣的胸懷，在五十八歲就交棒，完成佛光山的世代交替？又如何在交棒之後，再在海外另創出一片更寬闊的佛教天空？
- 最後，又如何以其願力、因緣、德行，總能「無中生有」，把佛教從一角、一地、一國而輻射到全球？

(二) 開創「佛光事業」

自己讀經濟，用我們的言語來探討：星雲大師是用什麼「經營策略」，以及什麼「商業模式」，創造了遍及海內外的「佛光事業」？

相識二十年來，一直在思索他的領導模式與管理哲學。他如何能「無中生有」、「一有即無」？他或許會說：

- 我不懂管理，只懂人心。
- 我不會命令，只會慈悲。
- 我以出世的精神做入世的事業。
- 我相信：捨才有得。
- 我相信：有佛法就有辦法。

二〇〇五年出版的《藍海策略》與《星雲模式的人間佛教》，終於提供了關鍵性的解答。「藍海」不是政治符號，是一種機會無限的隱喻。《藍海策略》一書的二位西方學者指出：

企業（或任何組織）不可能永遠保持卓越，要打破這個宿命就是要脫離「血腥競爭的紅色海洋」，去追求一個完全嶄新的想像空間與發展方向。它不再堅守一個固定的市場，更不能對舊產業緊抱不放；而是勇敢地另建舞台，另尋市場，另找活水，就會在新發現的藍海中揚帆前進。當我們看到任何一個組織（從政黨到企業）不另找活水時，就會一個一個地在一池死水中衰退，終至消失。

開創藍海，要有四項策略：（1）「消除」哪些習以為常的因素？（2）「減少」哪些不必要的因素？（3）「提升」哪些因素？（4）「創造」市場上尚未提供的因素？（1）與（2）在節省成本，以擴大需要；（3）與（4）在創造「差異化」與「新價值」，以開拓市場。

令人驚訝的是：這個近年來橫掃企業界的藍海理論，早已在佛光山與他的弟子身體力行下默默地推動：

- 他們一直在努力開創佛教的「新市場」；
- 與其他宗教常相往來，使「競爭」變得不對立；
- 創造出信徒及社會的新需求，保持活力；
- 以新的事業與願景，維持信徒的熱情及社會的信賴；

- 不斷提升內部人才的培育與外語能力，並且加強內部作業系統。
- 更以不同的說法語言、弘法方式、為教願心、證悟目標來傳播人間佛教。

這樣的用心、做法、效果，不僅符合藍海策略，更超越了藍海策略。因此滿義法師所寫的《星雲模式的人間佛教》，即是人間藍海的中文版、宗教版；更正確地說，星雲大師是人間藍海的領航者，比之英文著作已經先啟航了半個世紀。

我們要分辨的是：企業所追求的藍海是企業利潤、個人財富與產業版圖；人間佛教所追求的藍海是現世淨土、人間美滿、慈悲寬容。

（三）「星雲模式」的提出

我們還應當進一步引用滿義法師對「星雲模式」的詮釋。

在知識經濟時代的企業運作中，模式（model）的對錯，決定公司盈虧。我們常聽到高科技企業界的主持人興奮的說：「本公司已經找到可以盈利的新商業模式（new business model）。」或者聽到另一種藉口：「公司之所以虧本，就是選錯了商業模式。」因此，「模式」就是指決定運作成敗的一套方法、一個過程、一種組織、一種判斷。

作者滿義法師非常用心地根據大師這麼多年來的言行及著述，探討了人間佛教特有的做法與推展的特色。作者把這些做法與特色歸納為四個項目，然後旁徵博引的陳述「星雲模式」在於：

一、說法的語言不同。

二、弘化的方式不同。

三、為教的願心不同。

四、證悟的目標不同。

在每一個大項目下，又以清晰的文字與實例來闡釋。在引證「說法的語言不同」時，作者指出星雲大師：

- 詮釋佛法的語言很人性化，沒有教條、沒有形而上的談玄說妙，也不標榜神通靈異。
- 說法善於舉喻說譬，他常利用故事、公案，藉以詮釋深奧的道理，令人心開意解，繼而對佛教生起信心。
- 說法理路清晰，前後有連貫性，簡潔扼要，不會離題漫談，也沒贅語。
- 說法機智幽默，常常信手拈來，一句話就能回答一個難解的問題。

- 言行一致、言而有信，且一生信守承諾，所開示的佛法都是自己躬親實踐過，所以說來令人信服。
- 講話圓融，客觀中肯，而且面面俱到，總能令舉座皆大歡喜。
- 為人慈悲厚道，從小就學習「口邊留德」，從不輕易批評、責怪別人，說話總是給人留有餘地；他體諒、溫厚的性格，總是令人如沐春風，凡是與之接觸過的人，無不歡喜親近，並且被他的誠意感動。

在「弘化的方式不同」之下，作者又指出：

- 提出「用新事業增廣淨財」的理念，將信仰與事業結合，使信仰佛教的人口逐漸「年輕化」、「知識化」，大大改變過去一般人對佛教的觀感。
- 首開興辦活動之風氣，透過「多元」活動的舉辦，不但帶動朝野各種社團活動的蓬勃發展，尤其借助活動，發揮「寓傳教於活動」的弘法功能，讓佛教走向社會，帶動社會善良風氣，甚至走向國際，如最近提倡的佛光女籃球國際比賽。
- 對於傳統佛教的陋習勇於改革，能夠擺脫守舊而不斷創新、發展。

這裡引述的「不同」即是「特色」。「星雲模式」的人間佛教，就擁有這三十二項「特色」，突出於海內外的信眾及民眾的心目中。

從我們研究經濟及管理的觀點來看，「星雲模式」之所以在國內及國際市場有高度競爭力，不僅在於「差異化」（有三十二項不同），也在於其能滿足顧客（此處是指信眾）的需求；更重要的是這位領導人擁有四項才能：過人的說服力、堅強的執行力、群眾的擴散力、旺盛的生命力。

他回顧自己當年的承諾：「我是出家人，我要把和尚做好。」即使以最嚴的標準責己，也應當給自己一個「很滿意」的分數。

（四）「軟實力」無處不在

提倡「軟實力」（Soft Power）的哈佛學者奈伊教授（Joseph Nye）剛於去年十二月訪問過台灣。近幾年來我不斷在鼓吹「軟實力」的理念。印證人間佛教的興起，正證明了「軟實力」的實力。

「軟實力」是指一種吸引力，能使別人（別國）願意來稱讚、學習、仿效。一個社會擁有的文明、開放、平等、法治、宗教、藝術等等都是軟實力的例子。

「人間佛教」的吸引力呈顯在文字上與活動上：它可以是一種靜態的或與動態的、個人的或團體的、國內的或國際的，它也可以是「同在求異」或「異中求同」。所有這些吸引力又可歸納為一種：

（1）奉獻的行為。
（2）行善的服務。
（3）慈愛的感染。

佛光山的體系則是源頭，它是一個：

（4）具有效率的組織。
（5）擁有推動的機制。
（6）積極助人的團體。

最後，在信眾及民眾之間，

（7）凝聚成一股「向上的力量」。
（8）產生了「參與的嚮往」。

星雲大師說過的這些話，都給「軟實力」做了貼切的示範：

- 不怕吃虧，吃虧就是占便宜。
- 給人利用，才有價值。

- 天下長輩都是我的父母，天下晚輩都是我的子女，天下人都是我的自家人。
- 你對我錯、你大我小、你有我無、你樂我苦。
- 你中有我，我中有你。
- 給人就給己，佛光山就是從『給』裡成就出來的。
- 我跟別人結緣，沒有別的本領，只有用感動、用佛法、用真誠的心。
- 大眾第一，自己第二；信徒第一，自己第二。

（五）緣分

二十年來對我影響深遠的一位長輩就是星雲大師。

我不是佛教徒，也不諳高深的佛理，但常能從他倡導的平易近人的人間佛教中，獲取很多啟示。即以辦教育而言，我一生教書，能教出多少學生？他所創辦的大學，如佛光大學、南華大學及美國的西來大學，一年就培養出幾千位大學生與研究生。

《遠見》雜誌促成了我們相識的因緣。那是一九八九年三月，大師第一次從大陸訪問回來，我們邀請到了他在台北做一次公開演講，相信這也是在當時的台灣社會，公開「談大陸行」的第一次演講。

二〇〇六年三月曾有機緣隨大師赴長沙有千年歷史的嶽麓書院聆聽他的演講。正碰上春雨的長沙，數百位聽眾在這個充滿史蹟的書院的露天中庭穿著雨衣，專心地聆聽他的講話，這真是從未見過的感動場面。

然後嶽麓書院的朱漢民院長請我做十五分鐘的講話，其中有一段話我是在細雨中這樣向聽眾說的：

隨著國際佛光會的散布全球，隨著中國社會的逐步開放，星雲大師還有更多的人間佛教事業要做，更長的人間佛教道路要走。

近年來，大師多次受邀訪問大陸，他對中國大陸的愛心，已經播下了友誼的種子，遲早必然會對海峽兩岸有所貢獻，發揮對社會人心淨化的功能。

此刻如果他誕生的土地需要他來協助建立一個和諧社會，我們相信他一定會樂於貢獻出他的心力。

二〇〇五年後大師再回到宜興復興祖庭，重建大覺寺，並在揚州設立鑑真圖書館及「揚州講壇」，大陸各地設立四十餘所「佛光希望學校」，二十餘所佛光醫院；也在非洲塞內加爾，及巴西、印度、菲律賓等地設立育幼院及技能訓練班。

他自喻為地球人，跨越宗教、人種、地域。他自己與天主教、回教等領袖或會談、或交流、或共同推動世界和平、人類博愛。近年來常與單國璽樞機主教對話。

從他的高度與視野來看這世間的一切——他的四句話是送給天下人最好的禮物：

人生最大的毛病是自私；
人生最大的悲哀是無知；
人生最大的勇氣是認錯；
人生最大的本錢是尊嚴。

在佛光山的大會客廳中掛有三幅字：「做好事」、「說好話」、「存好心」。當重要政治人物看到這「三好」時，內心想必會有一番觸動。他近年也在各處推廣「行三好，救台灣」。

大師要以「三好」為核心，進而構建「三和」：「人民和睦」、「兩岸和平」與「人類和諧」，形成台灣、大陸與世界的「共和」。

佛光山佛陀紀念館的興建是星雲大師晚年深藏內心與願望的實現。它一面供奉佛牙舍利，供世人瞻仰；另一面眾人可以學習佛陀的慈悲智慧，創造更真、更善、更美的和諧社會。

此一建館工程占地一百公頃，自二〇〇三年開始，將於紀念民國百年的二〇一一年竣工。佛陀紀念館是一座融合古今與中外、傳統與現代的建築。在佛光山巔，它將閃耀著人類文化與佛教智慧的光芒。

出身貧寒的他，從未學習過寫字。近年因視力模糊，一沾墨就一筆揮就，被稱為「一筆字」。中國藝術研究院院長王文章有這樣的形容「一筆字」：

> 大師的字超越了俗世「規矩」和「方法」，但卻氣韵流暢；有一種鮮活的靈動之美和深刻的禪意。

「一筆字」的書法，近幾年來已在台北、北京、南京等各美術館展出。大師說：

> 不要看我的字，請看我的心，我有一點慈悲心及一顆中國心。

他又於二〇〇九年設立「星雲真善美新聞貢獻獎」，肯定在新聞傳播領域，對華人社會有重大貢獻的新聞專業人士；他們堅持理想，建立典範，並發揮社會公器責任。此一貢獻獎已頒發二次，得獎地區除了台灣，已擴及大陸、香港、星、馬。得獎者包括了典範人物獎成舍我、王惕吾、余紀忠；終身成就獎張作錦及教育貢獻獎與傳播貢獻獎等獎項。

二十世紀大經濟學家熊彼德在一九五〇年去世前，他曾經對彼得・杜拉克父子講過這麼一段話：「人們若只曉得我寫了幾部著作及發明一些理論，我認為是不夠的。如果沒有改變人們的生活，你就不能說改變了世界。」

大師六十年來在自己的著述及實踐中，所提倡的「人間佛教」已經改變了人們的生活，也已經改變了這個世界；像一場「寧靜革命」，已在海內外和平的崛起。

文史學者余秋雨先生第一次見到大師，就有這樣的印象：「大師形象大、格局大、氣魄大、心胸大、理想大。」愈與他有機會親近的人，愈會有這種「大」的體會。

我們不能把他的成就，歸於機運；不能把他的「事業」，只認為是宗教；更不能把他的影響，侷限於台灣。星雲大師的貢獻實在已經跨越宗教，超越台灣，飛越時空。

面對外界對他的各種讚譽，他總是淡淡地說：「我只是一個平凡的出家人，我來世還要做和尚，因為我做得不夠好。」

這真是台灣「經濟奇蹟」之外的另一個「星雲奇蹟」。

二〇一〇年十二月二十九日於台北

第四部
拓展台灣經濟與社會

中國近代企業家

李國鼎

孫運璿

第十八章

新貨殖列傳——向建立中國近代企業的人致敬

榮德生（榮氏企業創辦人）／達志影像提供

文｜許倬雲｜中央研究院院士

許倬雲提供

這篇短文是為了紀念那些曾經為中國近代企業勞心費力的人，留下一點紀錄。今天我們都應該向那些人物致敬！如果今日之後人不接續他們未完成的工作，那麼過去所付出的心血將付之東流。

《史記・貨殖列傳》在二十四史中是僅有的體例，《史記》以後，中國的官史有著重在帝王將相，對平民百姓的事是不太注意的。現在是老百姓的時代，天下文化要出版的這本書是為了紀念辛亥百年。我們不能不注意到老百姓的事，尤其現代企業在中國發展的過程和其影響。

太平天國之亂以後，中國殘破，尤其江南，家家涕痕、愴傷之餘，倒也激發了重生的生機。這篇文章就是從江南企業的開始說到中國企業的發展，其中一些資訊不是完全從書本上得來的，而是從我父親和長輩的記憶中留下的一些故事。

打破外人獨占經濟命脈之勢

太平天國以後，滿清朝野努力推動洋務運動，北方、江南、福建、廣東和湖北都有建設。但是甲午之敗，辛辛苦苦建設的北洋海軍全軍覆沒，戊戌維新運動又是以失敗結束，對於我祖父那一代，痛心疾首，開始尋找另外一條出路，南通張謇開始提出「實業救國」的口號，頗得一時回應。他在南通的建設也是多方面的，開碼頭、墾農田、設工廠、辦學校，辦的轟轟烈烈。只是南通一地的建設並沒有引起全國的建設風潮。

辛亥革命一聲槍響，江南各省立刻回應，居然成立了中華民國。可是，這個新的政府，完全不能撼動傳統的政治體制、社會結構和意識形態，這一大片僵化的鐵板不是南京新政府可以處理的，也不是革命的口號可以改變的。因此，袁世凱大盜竊國，軍閥據地自雄，中國的產業完全在外人控制之下，一切日用貨品幾乎都是外人設廠生產，江面海邊都是飄揚外國旗幟的商船，各國銀行都在中國有分行，掌握了中國的經濟命脈。在這種情況下，中國人心有不甘，總想打破外人獨占的權利。

歐戰讓中國有機會重建自主權

第一次出現這種機會是在歐戰之時，西方各國忙於歐洲的戰爭，紛紛撤離中國，在西方列強力量互相抵消的時候，中國第一次有機會建立自己的主權。例如：徐樹錚在中國宣告參戰時，率軍進入庫倫，宣示中國對蒙古的主權。同樣的情形，先父伯翔公當時擔任楚有艦的艦長，單艦攔截噸位和火力都比楚有強大的兩艘德國軍艦，命令他們人員棄船，留下軍艦。他又攔截了俄國的十五艘運輸艦和護航軍艦，繳收艦隻和械彈。這兩次在中國領海命令外國軍艦繳械的事，可能是甲午戰役以後中國海軍第一次以國際公約的規定，繳收了外國的軍艦。在經濟方面，西方列強撤離中國市場，他們留下的空白給了中國企業界成長的機會。

我們先從江南著名的榮氏企業說起，榮宗敬和榮德生弟兄二人都是從小錢莊的夥計起家，他們利用江南蠶絲業和米糧業的季節性，靈活的運用資金的供求，在清朝晚年就開始設立小型的麵粉廠。只是，土製的鐵磨生產的效率不高，這幾個小廠發展有限。歐戰開始後，上海銀行在陳光甫經營下成為華資私人銀行的重鎮。陳光甫成功的整合了江南一帶傳統的錢莊掌握的資金，支持華資私人企業的發展，榮家的福新和申新系統在一九一五年以後迅速發展，一下子就有八、九個麵粉廠和紡織廠，成為江南最大的企業集團之一。

榮家的做法是以一個廠剛開始生產就抵押給上海銀行貸款成立第二個廠，第二廠又抵押開辦第三個廠。如此開展，一則市場廣大，二則傳統的資金逐漸流向銀行，企業有了融資的來源。他們先是以銀行的資金購買西方人留下的工廠，然後又直接向外國購買最新的設備，設立新廠。集團的員工，基本上是從親戚朋友的介紹進入榮家企業集團工作，等到企業規模愈大，榮家覺得必須要依靠專才。於是，他們一方面訪求賢才，另一方面也派遣員工之中可造之才進入學校，或者直接留學，以培養專門人才。此外，也辦了一些學校，從中學到專科，培訓中層和基層的工作人員。這些措施，使榮家在無錫六個新興企業集團中，立刻脫穎而出，占了龍頭的位置。

無錫的企業集團，不僅在江南一帶開展，同時也在各處設廠，或者接近原料的產地，或者接近市場的所在。有些地方，當地的企業家也開始發展自己的企業，在麵粉和紡織這兩個行業，榮家和無錫集團訓練的專才，往往被其他地方的企業家吸收，作為他們創業的幹部，例如：以青島為基地的山東企業界，他們的幹部之中就有出身無錫工業界的人員。

中國現代企業萌芽

不僅榮氏和上海銀行有如此的合作，浙江幫的四明銀行也支持了虞洽卿的三北輪船公司的發展，四川的聚興誠銀行也是結合了傳統錢莊的力量用新的經營方式，支援了四川的發展：四川的盧作孚建立民生輪船公司，在川江行駛，獨占了四川的水路交通。盧作孚也模仿張謇的做法，努力建設北碚成為一個模範城鎮。

在北方，范旭東開發化學工業，他的久大精鹽是中國第一個精製食鹽的工廠，他和侯德榜合作，開發了永新制碱工業，久永集團也和北方的「小四行」有密不可分的共生關係，更可佩服的是這個集團又成立了黃海工業研究社，這是中國第一家生產業和學術研究結合的個例。類似情形，在各處都可以見到。企業家和大學畢業的工程師，在各處建立新興企業。民生日用的產品：肥皂、牙膏、火柴、燈泡、電線、大小機械、各種零件、車輛船隻……等等，都由中國人自己的企業生產，由中國的工程師和工人設計和操作。中國現代企業的力量已經冒了芽，如有足夠的時間，中國的傳統經濟將可在二、三十年轉型為現代的工業經濟。

前面談到的幾個例子，其創辦人都是一般的百姓，並沒有豪門貴族的背景，也和國家的資本基本上沒有關係。其中有些人，譬如榮氏弟兄、盧作孚、虞洽卿和陳光甫都是貧寒出生，也都經過學徒的生活，一步一步學習現代企業管理和銀行業務。他們的長處，也都在熟悉中國傳統經濟的特色，例如：錢莊運用小額資金配合市場的季節性要求做靈活的運用。他們也知道如何運用個人的網路將許多小錢莊的實力結合在一起，抵抗外資銀行的挑戰和壓迫。發展工廠和輪船公司的企業家，幾乎都知道怎麼樣去借重專門技術的人才，例如范旭東和侯德榜的關係，又例如榮氏資助有前途的幹部出洋學習特殊技能，回來後委以重任。當然，更重要的，他們能夠掌握時機在歐戰四、五年的夾縫內，迅速的擴張自己的企業，到歐戰結束時，西方的企業家回到中國，才發現華資企業已經遍地開花，占了許多地盤。

力圖振作，南京時期奠定發展基礎

另一個時機，是在北伐以後，抗戰以前，那八、九年的寶貴時間。中國從革命以來第一次有一個比較接近統一的局面。當時人心振奮，都覺得中國終於在起步了。固然外患時時不斷，日本人尤其每年沒事找事，而且在一九三〇年發動九一八事變，占領了中國東北，也在上海地區發動第一次淞滬戰爭，直接侵入中國的領土。中國人人情悲憤，人人力圖振作，對於國家主權的意識特別敏感。先父在這個時候，擔任廈門海關監督。當時，中國海關已在八國聯軍的和約中抵押給外國財團，以保證中國可以支付巨量的賠款。先父發現在條約中，只有抵押關稅，並沒有提到其他的權利，因此，他根據國際公法，取回了檢疫權和緝私權，海關監督可以直接行使這些與國家主權有關的權力。自從八國聯軍以後，這一類維持主權的行為，一直沒有出現，要到南京政府成立，中國人方才感覺自己應該堅持自己的主權。

那時，南京的國民政府也確實羅致了各方人才，包括大量從海外回來的留學生，而中國的大學也訓練了許多有用的人才。南京時期的發展，固然也有軍事和政治的層面，更要緊的，許多人投入心力，從學術和技術層面，為中國扎下後來發展的基礎。

其中最值得注意的一個單位是資源委員會，由錢昌照和翁文灝領導，他們第一步是利用地質學的知識在中國各處尋找礦產。李四光、丁文江這些人利用他們地質和地理的知識界定了中國這塊土地的性質。他們編制的申報中國地圖，至今還是中國地圖的模本。李四光等人在中國地質學上的考察，補滿了世界地質史的一個空白，將東亞地帶的地質構造和世界的大結構連成一片。由於他們有計畫的尋礦，湖南、江西、廣西等處鎢、錳、鎂、銻等等有價值的礦藏，西北的石油儲存，和各處煤礦、鐵礦的探索，為中國尋找資源成功的第一步。他們也在各處設立發電廠，作為建設地方的能源。為了每一條鐵路和港口的需求，他們探索了許多煤礦的礦源。到今天，海峽兩岸石化工業和發電業的基礎都還必須回溯到那個時候。

我們也必須提到李儀祉等人組織的河海學社和茅以升領導的中國橋樑公司，兩者都和資源委員會有密切的關係。李儀祉的水利工程集團，為陝西建設了八個灌溉管道，造福關中。即使在抗戰期間，河海學社並沒有閒著，他們還在努力的設計如何治黃河、治淮河。茅以升的中國橋樑公司，配合浙江興業銀行的支持，架設錢塘江上的大橋，開通南部東西向的浙贛鐵路線。這座大橋完成不久，日本就大規模的侵略中國，許多東南物資的西運，浙贛鐵路發揮了巨大的貢獻。可是，當日本軍隊進迫浙江時，茅以升親手炸毀了這座大橋。在抗戰時期，中國橋樑公司一個研究部分正在重慶南山我家住宅的下面，而且我家有兩個親戚也在中國橋樑公司工作。他們經常到我家走動，因此，我知道在山河破碎之時，他們從來沒有停止設計，以備在戰後架設各主要河流的橋樑。他們甚至也聯合河海學社，著手設計三峽水利工程系統。不過，他們並不想建造像目前一樣的高壩，而是在三峽建造一系列的攔水壩，既便利交通，也可以作發電之用。抗戰的最後二年，先父由第五戰區調回財政部，他曾採用河海學社與中橋公司的水文資料，配合海關檔案的資料，研究戰爭結束後，如何重建幾個主要港口的航道。一九四五年，抗戰勝利，他奉命立刻回上海，負責組織港口領航的制度，還真的用上了那兩年的工作心得。這些工作人員抱有信心：中國不會亡，勝利以後，中國需要種種的建設，一切工作要在戰時就開始做準備！

抗戰帶動工業資源移入內地

一九三七年盧溝橋事變，日本全面侵華，中國奮起抵抗。中國的實力有限，眼看著沿海地區守不住，中國的長期抗戰必須以內陸為基地。沿海地區是中國當時最重要的工業區，剛剛萌芽的現代工業，幾乎都分布在華北的渤海灣邊，東南的長江三角洲和長江流域中游的武漢地區，及華南的珠江三角洲。在抗戰開始一年左右，這些地方都為日本侵入，中國必須要將這些寶貴的工業資源遷往後方。在林繼庸主持的遷川工廠的行動中，大概有六百多個工廠，拆遷運入內地。三峽以上，航道狹窄，大船不能入川，川江的小輪數量又不夠。於是，許多設備必須在武漢與宜昌之間，用木船轉駁入川，或者改用旱路前往陝西。先父已經轉任荊沙關關監督，一向的職務是負責長江流域河川的水道，維持航運暢通。於是，在搬遷工廠的任務中，他職責所在，調動大量的民間木船，或者組織陸運的運輸隊，將這些工廠機件搬到內地。在我記憶之中，彷彿還見到沙市江面上，布滿了白木船，圍繞著從下江剛到的輪船，卸下機器，轉駁到木船上；也似乎還聽見，船夫吆喝著，齊聲搖櫓，將偌大的船隻駛往川江。那萬眾一心的景象，至今難忘。

以榮氏企業的工廠為例，榮家主要的工廠在上海無錫一帶，已經來不及搬，而且兩位老闆都遲疑不決。只有在武漢的兩個廠，是由李國偉和章劍慧主持，他們是我們的表舅和舅父。先父幫助他們將兩個工廠分批遷入寶雞和重慶。在寶雞的工廠，直接搬進開山挖掘的大防空洞，利用隴海鐵路淘汰的火車頭作為蒸氣機的動力，八年維持了內地紗布的供應。遷入重慶的廠，一上岸就在江邊建立廠房。用竹子作柱，竹面塗泥作牆，層層半面的竹片堆疊作瓦，這樣的廠房只是聊避風雨而已！他們在裝配零件時，先用翻砂複製模型，以備將來補充零件之用，後來乾脆將整套的機器都從模型複製，建立另一個工廠。用這個方法，一些遷川工廠都從一套化身為幾套，有了複本，在內地增加了幾倍的生產量。久新集團的化工業，也有類似情形，在四川犍為、樂山和自流井，建立了一系列的工廠。抗戰結束，這些內遷的工廠，並沒有遷回沿海，他們留在內地，奠下內地工業化的基礎。

流亡學生成為重建主力

企業發展需要人才，八年抗戰，從沿海地區轉入內地的中學和大學，以及國家為流亡學生設立的學校，分布在內地各處。陳立夫創設了公費制度，學生不用繳學費，吃住也不用花錢；生活水準當然很差，學生經常吃不飽，但是當年的中學生和大學生，為中國內地的生產提供了重要的人力資源。這些人，最年輕的，今天都已經八、九十歲了，大多數都已經不在了。可是也是這一批人，為數不下數十萬，不僅維持了內地的生產力，撐住了八年的苦戰，也是戰後海峽兩邊，重建中國的主要力量。回顧當年我的兄姐那一代人的生活，至今歷歷在目！

戰後，本來以為可以全力重建中國，但是內戰又起，爭地以戰，殺人盈野；爭城以戰，殺人盈城。國共雙方的戰爭，規模之大，破壞之巨，比八年抗戰有過之而無不及。最可惜的是，中國失去了建國的時機有三十年之久。整整三十年，許多人才，沒有用在建國的大業，而是浪費在種種運動和鬥爭；那一大批在抗戰時培育的人才，並沒有得到施展的機會，就一批批的糟蹋了。跟著國民政府前往台灣的工廠，為數極少；到臺灣的人才，只有留在大陸人才的十分之一不到。可是他們還有一點發揮的餘地，結合本省才俊，使台灣在前面三十年的發展，創造了小康的局面。這一批技術取向的人才，包括對台灣發展有過重要貢獻的尹仲容、孫運璿、李國鼎、李達海……等人。另外有一些人才留在香港，又擴散到東南亞各處，在那些地方，配合華僑的財力，在當地建立了許多企業，成為東南亞走向近代工業的一份重要力量。榮氏集團遷移巴西，只在香港留下一些零碎的力量，這個曾經代表中國現代企業從萌芽到茁壯的一群人，經歷了三個時代，今天已經走入歷史。

在列強經濟壓迫中掙扎出一片天

回到本文開頭時說的《貨殖列傳》，司馬遷專立一章，敘述戰國到漢初的企業人物，他的用心是在哀悼曾經發達的生產企業，卻被漢武帝集權政治扼殺了；以致中國的經濟，長期是以農業為基礎的農舍手工業和市場交換網配合的特有傳統。中國最近百年來的發展，是在列強經濟壓迫的夾縫中，中國人在兩次不到十年的時間內，努力掙扎出一片天下。這薄弱的基礎是不同行業的許多人合力建立的。可是戰爭——外來侵略和兄弟鬩牆，卻沒有讓這微細的根苗有苗長的機會。這篇短文是為了紀念那些曾經為中國近代企業勞心費力的人，留下一點紀錄。今天我們都應該向那些人物致敬！如果今日之後人不接續他們未完成的工作，那麼過去所付出的心血將付之東流。

在一九五三年，先父彌留之際，我們全家都聽到，他喃喃不休，似乎還在指揮驅除敵人的海戰。單單為了這一份延續三代的記憶，我們也該記錄那一代人刻骨銘心的願望。

目擊世事，深感屈平哀郢，庾信江關之孤孽，為之長歎！

第十九章

台灣經濟奇蹟的推手——李國鼎

李國鼎／遠見雜誌提供

文｜葉萬安｜中華經濟研究院政策研究諮詢顧問

葉萬安提供

李國鼎先生對國家各方面建設的貢獻廣為各界所推崇，更令人欽佩的應是他的愛國情操、公正無私與廉潔操守。他口中從未說「愛台灣」，但他的一切施政與行為都是「為台灣」。他從政以來所推動的各項改革、政策與建設，以及延攬人才，都是以國家利益為出發點，毫無私心，尤其值得現代官員效法。

放棄深造，參加抗日戰爭

李國鼎先生清宣統二年（一九一〇年）生於南京，民國十九年（一九三〇年）中央大學物理系畢業，民國二十三年（一九三四年）考取中英庚款赴英國劍橋大學進修，先後在凱文迪施研究室與皇家學會蒙特實驗室物理大師領導下研究三年。民國二十六年（一九三七年）中日戰爭爆發，李先生毅然放棄繼續在英深造的機會，返國參加抗日戰爭工作。

中日戰爭八年間，李先生先後擔任防空照測、武漢大學物理教職、中央研究院天文研究所、資源委員會資渝煉鋼廠等工作，懷抱書生報國之心，不辭辛勞、貢獻國家。

抗日戰爭結束後，資源委員會計畫在上海建立現代化船塢，成立中央造船廠籌備處，調李先生擔任副主任參與籌備工作。民國三十七年（一九四八年）政局變化，李先生赴台灣擔任台灣造船公司協理，後升總經理。

民國四十二年（一九五三年），李先生應行政院經濟安定委員會（簡稱經安會）、工業委員會召集人尹仲容之邀，擔任該會專任委員兼一般工業組組長，從事台灣工業發展四年計畫的規劃與推動工作，這是李先生參與台灣全面經濟發展的起點。民國四十七年（一九五八年）經安會及工業委員會結束，改組並擴大為行政院美援運用委員會，李先生擔任該會祕書長，該會雖名為「美援運用委員會」，但實際上是主管全國經濟發展的機構，其主任委員由行政院長兼任，副主任委員尹仲容實際負全責，李先生為其幕僚長。

民國五十二年（一九六三年）美援會改組為行政院國際經濟合作發展委員會（簡稱經合會），李先生任該會祕書長，隨即升任副主任委員，仍兼祕書長，這是李先生進入決策階層政務官的開始。民國五十四年（一九六五年）轉任經濟部長，仍兼經合會副主任委員。民國五十八年（一九六九年）轉任財政部長，民國六十五年（一九七六年）辭財政部長，轉任行政院政務委員，兼行政院應用科技研究發展小組召集人，擔負起台灣科技研究與科技產業發展的規劃和推動任務。民國七十七年（一九八八年）七月李先生在台灣為政府服務滿四十年退休，旋獲總統府聘為資政，以迄民國九十年（二〇〇一年）五月三十一日病逝，享年九十二歲。

由於李國鼎先生對國家社會作出卓越貢獻，除被國內有識之士稱頌為「台灣經濟奇蹟的推手」及「科技之父」外，更獲得各方榮譽。主要有國內外十二所著名大學授予榮譽博士學位；美國史丹佛大學、哈佛大學及菲律賓亞洲管理學院分別設立李國鼎講座，前兩者且是自一九九三年起永久設立。美國亞利桑那州及德克薩斯州贈予榮譽公民證書；英國劍橋大學伊曼紐學院聘李先生為榮譽院士、國際管理學院聘其為院士；美國史丹佛大學將其經濟發展中心校區命名為「國鼎苑」。還有榮獲菲律賓麥格塞塞政府服務獎、南非共和國大十字好望勳章、美國米契爾夫婦國際生物科技獎、美國約翰霍普金斯大學校長獎、美國天主教大學校長獎及中華民國政府一等景星勳章等，顯見國內外學術界及政府對李國鼎先生的尊敬。

最近國立中央大學將該校二〇〇八年十月二十三日發現的編號239611小行星，經國際天文學會聯合會通過，於二〇一一年一月二十八日李國鼎先生一百零一歲冥誕，亦是李先生逝世十年，命名為「Likwohting（李國鼎）」，表彰他對國家發展的卓越貢獻。

一生最美好時光都獻給台灣

李先生在政府服務的後期將近三十年間，一直居於台灣經濟發展的決策核心。歷年來政府推動經濟發展的許多重要改革、策略、政策、措施，即使不是李先生所作的決策，也是他的建議，甚至由他親自推動。李先生一生最美好的時光，都獻給了國家社會，促進台灣經濟發展蒸蒸日上，自純粹農業國家，進步為全球科技產業重鎮，邁入現代化國家之林，故被稱頌為「台灣經濟奇蹟的推手」和「科技之父」。

李先生在台從政四十年間，對國家建設所作重要貢獻，大致可分為下列六方面：

（一）激勵民營企業發展、建構出口導向型經濟體制

李先生於民國四十二年（一九五三年）負責一般工業發展的規劃工作後，民國四十三年（一九五四年）即建議扶植民營紡織工業成為未來外銷的主力。當時外界出現不少譏評，認為以當時紡織工業初創、落後的情況，要大量外銷，實不可能。但政府接受他的建議，在民國四十五年（一九五六年）研擬第二期四年計畫時，即不再強調進口替代工業發展，代之以發展民營企業與出口工業的政策。結果，民營紡織工業在政府的積極扶植下蓬勃發展，紡織品出口於民國五十年（一九六〇年代）中期即脫穎而出，超越砂糖，高居出口第一位達二十二年之久。直至民國七十五年（一九八六年）才被同樣也是李先生所策劃、推動的電子資訊產品出口超過。在當時激勵民營企業與擴張出口政策，不僅解決了嚴重的失業及貿易逆差問題，也奠定日後工業進一步發展的基礎。

民國四十八年（一九五九年）政府為改善投資環境，以及為國家現代化建立制度，由美援會祕書長李國鼎主持研擬「十九點財經改革方案」，並經政府核定公布，但其中需要修正及新訂的法律規章為數甚多，如一一按既定行政及立法原程序進行，將為時甚久；為免延誤時機，乃循特別立法方式，制訂一項新法案，排除當時既有法規中不能適用獎勵儲蓄、投資與出口等的條款，以代替修訂眾多法案之需要。於是在李先生主持下，「獎勵投資條例」自民國四十九年（一九六〇年）三月起草，五月報行政院通過，九月十三日經立法院審議完成立法程序公布實施，至民國七十九年（一九九〇年）九月始告廢止。三十年間，該條例對台灣儲蓄率的提升、投資與出口的增加、經濟的快速發展，可說貢獻極鉅。

李先生為積極推動出口，簡化業者設廠與出口手續，並減輕出口成本負擔，除全面改善投資環境外，還建議創設「加工出口區」；並於一九六六年在他擔任經濟部長時，正式成立高雄加工出品區，為全世界首創。由於績效良好，隨後又增設高雄楠梓、臨廣與台中潭子、中港等加工出口區。民國七十六年（一九八七年）從業人員最高達九萬零八百零七人，民國九十九年（二〇一〇年）出口金額近一百億美元。

自台灣加工出口區成立後，其他許多國家紛紛仿效採行，亦有要求台灣協助建設加工出口區者。目前世界上已有一百多個國家採行加工出口區制度，並於民國六十八年（一九七九年）成立世界加工出口區協會。該協會於民國七十八年（一九八九年）成立十週年大會時，特頒獎李先生，酬謝他當年在台灣創設加工出口區的構想及非凡的成就。

（二）推動高科技產業發展，促進經濟結構轉型

台灣在民國七十年（一九八一年）前後正式進入積極推動技術密集工業發展階段；但實際上，早在民國六十年（一九七〇年代）初期第一次石油危機後，李先生即主張發展能源密集度低、附加價值高、污染低的技術密集工業。民國六十五年（一九七六年）底，李先生擔任行政院「應用科技研究發展小組」召集人，開始積極策劃技術密集工業發展。民國六十八年（一九七九年）五月，行政院通過由李先生負責研擬的「科學技術發展方案」，其目標第二項即為「加強經濟建設，發展技術密集工業」。該方案主要包括：建立能源、材料、資訊與生產自動化四大重點科技、設立新竹科學園區、大量扶植與延攬海內外學人，以及建立科技顧問制度等，皆屬創舉。執行成效如下：

1. 科技發展方案於民國七十一年（一九八二年）修訂，將重點科技增列生物技術、光電科技、食品科技及肝炎防治等，共為八大重點科技，並積極全面推動相關產業的發展。此等科技產業多來年都已形成台灣產業的主流。

2. 新竹科學園區於民國六十九年（一九八〇年）十二月成立，後又增設台南及台中科學園區，至民國九十九年（二〇一〇年）十月底從業人員高達二十一．八萬人，民國九十九年年營業總額估計高達新台幣近兩兆元，出口近四百億美元。

3. 民國六十八年（一九七九年）十二月行政院成立科技顧問組，由李先生擔任召集人，聘請世界一流資深專家擔任顧問，借重國外資深專家經驗與豐富的知識，針對台灣科技及其產業發展的方向予以評估並提供意見。

李先生的另一重大貢獻，是在接任應用科技小組召集人後，為使技術密集工業能夠早日建立，認為有必要及早推動電腦與資訊產業硬體和軟體的發展；於是在民國六十八年（一九七九年）七月主導成立「資訊工業策進會」，由產、官、學界三方面共同組成，屬非營利事業機構。其任務為迎接資訊化時代來臨，促進各階層各單位業務電腦化，以提高效率，帶動資訊工業發展，以及資訊人才的培育和電腦資訊的推廣工作。民國九十九年（二〇一〇年）台灣資訊電子工業產值估計超過一千五百億美元，排名世界前列；另台商在中國大陸所生產的資訊硬體產值，估計亦高達一千三百億美元。

民國七十二年（一九八三年）初，李先生依據修訂後「科技發展方案」，擬訂了「加強培育及延攬高級科技人才方案」，積極培養高科技人才，並延攬海外高科技人才回台灣服務，以供應科學研究與技術密集工業發展的需要。

民國七十四年（一九八五年）行政院接受李先生建議，成立超大型積體電路製造計畫，並由李先生策動荷蘭菲力浦公司及民間企業參與投資，於民國七十五年（一九八六年）成立台灣積體電路公司（簡稱台積電），將台灣半導體工業帶進與世界最先進國家相當的層次。

近二十多年來，台灣科技研究與技術密集產業得以快速進展，李先生的確功不可沒，也因而備受科技產業界敬重，被尊稱為台灣的「科技之父」。

（三）確定人口政策、積極推動家庭計畫，降低人口增加率

民國五十四年（一九六五年）十一月四日，筆者隨當時經濟部長兼經合會副主任委員的李先生赴行政院，於院會中報告我國首次編擬的十年長期經建計畫及第四期四年計畫。因當時每年人口增加率高達三．六％，成為國家沉重負擔；每年大家努力增產的結果，其中將近一半被增加的人口所消耗。因此在十年長期計畫中，特別強調要將人口增加率大幅降低。未想到報告後，院會中一位前輩元老首長發言，指責降低人口增加率的政策不當，經與會人員討論後，院長裁示，十年長期計畫因時間較長，不確定因素甚多，且人口政策仍有爭

議，列為內部參考；第四期四年計畫則修正通過。

職此之故，我國首次編擬的十年長期計畫，因而胎死腹中。但在筆者隨李先生返回經合會途中對李先生說，人口政策不能確定，對我國未來影響極大，建議召開研討會，邀請對人口政策正反面意見的專家學者公開討論，相信真理愈辯愈明。李先生當即表示，人口問題是觀念問題，改變觀念需要時間。不過當時社會上反對降低人口增加率的學者與官員，多受國父遺教增加人口對抗帝國主義的影響。召開研討會如能在開幕會議中，請國父哲嗣孫科院長（時任考試院長）來作專題演講，如獲孫院長支持的話，將可獲事半功倍的效果。後經經合會人力小組遵照李先生指示，於民國五十五年（一九六六年）七月召開第一次人力資源研討會，邀請到孫科院長，以「人口政策與人力資源的運用」為題作專題演講。如所預期，孫院長全力支持降低人口成長的政策，而且強調，節育的推行與國父遺教並無抵觸等看法，足以糾正當時國人多子多孫的錯誤觀念。因此，在大會研討時，反對降低人口增加率的聲浪大為緩和，大會最後決定建議政府將人口政策、擴大推行家庭計畫，以緩和人口增加壓力，列入人力資源發展計畫。於是內政部成立人口政策委員會、頒布人口政策綱領，並將推行家庭計畫經費，正式納入政府預算，擴大推動。由於各方的努力，人口增加率至民國六十一年（一九七二年）已降至二％以下，民國八十三年（一九九四年）以來更降至一%以下。

民國五十九年（一九七〇年），世界銀行總裁麥克納瑪拉（Robert McNamara）來台考察，宣稱人口增加率降低，是很不容易的事，而台灣能在很短期間大幅降低（自三・六%降至二・二%），是很了不起的成就。他來台灣考察的目的之一，就是想了解台灣是如何做到的，以便提供其他高人口增加率國家參考。

這一成就是李先生為突破困難，針對問題核心，採取對症下藥的策略，請到適當的人士，登高一呼，使我國人口增加觀念的調整，至少提前十年落實。人口增加率的迅速大幅降低，應是美援於民國五十四年（一九六五年）夏停止後，我國仍能夠以自己的財力，支持經濟持續快速成長的關鍵所在。

（四）整體規劃人力資源與相應調整教育政策，以配合經濟發展

李先生早年即注意到，台灣自然資源有限，而人力資源相當充沛，認為如何規劃有效運用人力，是一重大課題；另方面，鑑於前三期經建四年計畫對投資需要和財源籌措已有規劃，但對達成計畫目標所需人力資源的配合計畫，則付之闕如，是一大缺憾。因此，在民國五十三年（一九六四年）一月李先生擔任經合會副主任委員時，即指示成立「人力資源小組」，並聘請國外專家來台

指導；「第一期人力發展計畫」於民國五十五年（一九六六年）秋完成，並於同年十月經行政院通過實施。其後每一期四年或六年經建計畫，都同時有人力計畫的配合。這也是台灣過去無論經濟轉型或產業調整，皆較其他開發中國家順利的主要原因之一。

台灣早期是農業社會，職業學校向以農業及商業職業學校為主，工業職業學校極少，而且高中學生中，一般高中占六〇%，高職只占四〇%。為因應工業發展對初級技術人力的需要，李先生一方面商請教育部門，將一般高中與高職學生的比例反轉為四比六，每年多增加高職入學人數；另方面建議將農業職校改制為農工職業學校，原工業職業學校，增設新科及擴增班級。同時，教育部門還接受李先生的建議，自民國五十六年（一九六七年）開始設立兩年制的專科學校，招收高中、高職畢業生；民國六十三年（一九七四年）成立台灣工業技術學院，設二、四年制工程技術系科，招收專科及高工畢業生修業二或四年，授予技術學士學位。因而構成了工業技術職業教育「工識、工專與工業技術學院」一貫的新體系。李先生為了支援工業職業教育的發展，除動用中美基金支助外，並協助於民國五十九年（一九七〇年）申請世界銀行貸款一千五百萬美元，作為充實機械設備、添建試驗工廠、選派技術教師赴國外進修及改進教學之用。至民國八十九年（二〇〇〇年），高職學生所占比重已提高為五十八%，一般高中學生所占比重則降為四十二%。

對高等教育，李先生除建議提高理、工、醫學系學生比例，以及增設碩士、博士班外，並於民國五十五年（一九六六年）支援有關大學增設物理（清大）、數學（台大）、化學（台大）、生物（中研院植物所）及工程科學（交大及成大）等五個研究中心，以培育高級人才，提高科技研究水準。民國七十二年（一九八三年），推動「加強培育及延攬高級人才方案」通過後，又建議、並獲教育部門同意，於清華大學增設材料研究中心，於交通大學增設電子與通訊研究中心。這些都是國內培育高級科技人才的所在。

（五）改善公共衛生，建立完整的醫療網

台灣原是B型肝炎病毒高感染區域，一般民眾B型肝炎病毒之帶原率高達一〇%至二〇%，而與此病毒有密切關係的慢性肝炎、肝硬化及肝癌，均名列國人十大死因之前列。民國七十年（一九八一年），數位醫學界先進，為了控制B型肝炎病毒之傳染及減少上述疾病之蔓延，認為國人B型肝炎之高感染率是因母子間之垂直感染，在B型肝炎無藥可治的狀況下，唯一阻斷感染之途徑，是給予新生兒疫苗預防注射。當正擬對高危險群新生兒進行預防試驗之際，遭遇部分醫師及基礎生物學科教授聯名反對，並召開記者會，認為血漿疫

苗不安全，可能導致愛滋病、癌症及不明疾病等，引起民眾的恐慌與輿論的質疑，使預防試種工作無法推行。

當時李先生任行政院政務委員兼任行政院應用科技研究發展小組召集人，得悉上述情況後，指示行政院國科會與衛生署邀請國際著名學者專家來台，召開會議討論B型肝炎預防之重要性及疫苗的安全性，並親自召集反對者及贊成者，面對面的溝通討論。在化解反對者的疑慮後，李先生為使B型肝炎疫苗預防接種計畫得以順利進行，一方面協助國人獲得法國巴斯德藥廠之技術移轉，自行在國內大量生產B型肝炎疫苗，提供大規模B型肝炎疫苗預防注射的使用，不僅為國家節省大量外匯，而且大幅提升國內生物科技水準；另方面協助行政院衛生署編列預算執行，先以新生兒為對象，全面實施B型肝炎疫苗接種，逐漸擴大到國小學生，以有效控制B型肝炎，以致國人肝癌罹患率顯著下降。我國因而成為全世界第一個，以政府預算經費全面實施B型肝炎預防接種的國家。

此一案例，要不是李先生的及時參與，積極的排難解紛，劍及履及的採取有效對策，鍥而不捨的追蹤，B型肝炎感染之為害，可能到今天還無法控制。

李先生在協助衛生機構推動B型肝炎防治工作同時，更注意到缺乏醫師及醫療設施的偏遠地區。因此，在民國七十一年（一九八二年）協助行政院衛生署擬就偏僻鄉鎮地區衛生所建立群體醫療中心方案，鄉鎮衛生所增設X光儀器、救護車及護理人員；負責參與之較大醫院每一中心派遣醫師兩位，在群體醫療中心服務；支援醫院必須密切關注與給予支援。每一鄉鎮除群體醫療中心設在衛生所外，必須配合兩個保建服務中心。至民國八十一年（一九九二年）底，設立之群體醫療中心一百七十餘所，相當普遍，解決偏遠地區病患就醫問題，也為民國八十四年（一九九五年）實施全民健康保險，奠定良好基礎。而且在李先生敦促之下，政府主管衛生醫療業務機構，規劃建立全台灣的醫療衛生服務網，由群體醫療中心及保健服務中心提供初級醫療保健服務，地區醫院提供第二級服務，再由區域性醫院提供第三級服務。各大教學醫院擔任較嚴重的病患服務，以及負責區域性醫院之平衡性發展任務。此對提高醫療水準，維護國人健康，貢獻卓著。

（六）倡導第六倫，強調經濟與社會的和諧發展

李先生轉任行政院政務委員，卸下行政工作後，有時間思考財經以外的問題。尤其他在推動經濟發展的經驗中，深切了解經濟與社會和諧互動的重要性。可是當他發現台灣在經濟高速發展後，竟然產生精神道德墮落的現象，深感痛心，亟思加以匡正。於是他於民國七十年（一九八一年）三月二十八日在

台北《聯合報》發表〈經濟發展與倫理建設〉一文，副標題是「國家現代化過程中群己關係的建立」，指出：

我國的傳統文化，一向重視人際關係行為的規範，計有君臣、父子、夫婦、兄弟、朋友五倫；然對於個人與陌生社會大眾之間的關係，則缺乏適當的規範。很多人貪圖私利，罔顧公益，自己既不感到良心的譴責，社會也不給予應有的制裁；公德敗壞，幾乎成為一個沒有規範的社會。而社會是一個工具，幫助我們解決生活問題、充實生命的內涵、使生活更富足、社會更充實。但是為維護這個工具的有效性，我們都需要接受一定規範的引導和約束。因此，在傳統的五倫之外，應再建立群己關係，也可說是「第六倫」。

李先生對傳統上，群己關係沒有受到重視，認為當時經濟落後，是一個農業社會，由於技術水準低、個人的生活範圍小，和社會大眾的關係狹小而疏淺，個人活動所產生的外部作用微不足道，不易引起社會普遍的注意。可是現在已進步到現代工業社會，由於技術水準大幅提升，個人的活動範圍擴大，個人和社會大眾的關係廣泛而密切，個人活動的外部作用，往往對社會影響很大，因此，在現代社會中，個人與社會大眾之間關係的講求，遠比傳統社會來得重要，充分顯示第六倫的重要性。

李先生並希望，藉著大眾媒體的熱烈討論和傳播，再經由學者專家的研究分析，最後納入教育系統之中，使社會、學校和家庭教育相配合，確立現代規範的群己關係，成為國民人格當中不可分離的一部分。

李先生「第六倫」的倡導因切中時弊，引起社會各界的熱烈迴響。但不久後，一位黨國元老對李先生倡導的第六倫不以為然，並有所批評，因而使推動第六倫運動停滯了十年之久。可是這十年中，由於總體經濟失衡，超額儲蓄與出超持續擴大、股市狂飆、房地產價格急遽上漲，金錢遊戲盛行，泡沫經濟形成，導致所得差距擴大、勞動參與意願低落、社會風氣敗壞，固有美德喪失，而新的道德規範尚未建立，整個社會較十年前更向下沉淪。

至民國八十年（一九九一年）社會有識之士聚會，邀請李先生領導創立「中華民國群我倫理促進會」，重新出發，積極推動十年前李先生首創的第六倫。近二十年來雖然參與推動者都盡了心力推動，但因缺乏政府大力倡導，成就有限，要將已沉淪的社會重新向上提升，事倍功半應是預料中事，尚須大家做更大的努力。

人格特質

李先生從政四十年，進入決策核心不到三十年，而能對國家社會作出如此眾多的貢獻，應與他的人格特質有關。據筆者追隨李先生近半世紀的從旁觀察，深深體會他有如下的人格特質：

（一）虛懷若谷及不斷吸收新知的精神

李先生學科學出身，但能不受限於自己的既有專長，與時俱進，隨國家社會發展的需要，在各種不同崗位上從事不同的工作，全力以赴，均能做出非常的成就與貢獻。李先生之所以能如此，主要因他進取心特別強，能不斷虛心學習。李先生的新知來源除博覽群書外，還不斷徵詢各界學者與專家的意見，李先生日理萬機，在百忙中仍會撥出時間來接見訪客，包括舊識或慕名而來者，他們都會將最新的資訊或親身經驗提供給李先生參考，使他獲得的知識都能兼顧理論與實務。

李先生自書刊、學者專家及訪客所吸收到的新知，以及他經常出國開會、考察帶回的資料，都會與同仁分享，並吩咐研究分析，提出具體建議，供作李先生施政的參考。

李先生在實際工作與生活中所表現的這種謙虛、禮賢下士，以及他為國為民奉獻的高尚品德，受到許多有識之士、有才能人士的信服，自願愉快的隨著他發揮專長貢獻才智。

（二）高瞻遠矚的眼光及不斷推陳出新的能力

李先生是政府官員中出名的「新點子」最多的人，尤其在傳統官僚的多一事不如少一事的風氣下，更為突出。由於他能不斷吸收新知識、新觀念，所以他的視野總是領先別人。在其從政的四十年間，以他的真知灼見與高瞻遠矚的眼光，常常力排眾議，提出前瞻性看法，推動各種新政策、新制度、新計畫。

在台灣工業發展初期，紡織工業剛萌芽時，李先生即主張發展紡織工業成為未來出口的主力，繼之建立「加工出口區」，成為全球首創，後再研訂「科技發展方案」，發展八大重點科技，其中如資訊、光電等在當時根本很少人知道，更談不上了解如何發展了，而又是在他的堅持下全力推動，促使台灣產業結構才能快速轉型，邁入技術密集產業發展時代，進而使台灣被國際譽為是全球高科技產業發展不可或缺的「科技產業重鎮」。

而今台灣資訊、電子、光電產業年產值超過一千五百億美元，不僅是工業生產及外銷的主軸，且深入民眾生活，對提高人民生活水準，也作出極大貢獻。

（三）鍥而不捨的執著精神及強勁精準的執行力

李先生是學科學的，他辦事講求效率，限時完成，絕不拖泥帶水，和稀泥。處理任何事務都有條不紊，所做決策都能把握時機，能洞燭機先。他在重要決策之前，必多方請教學者、專家，集思廣益，一旦決定後，立即擬就具體計畫付緒行動，而且劍及履及、鍥而不捨的追踪進度，務必如期完成，一旦遭到阻力，必親自溝通，務求確實解決。

以發展資訊工業為例，在經過各方討論，將資訊工業納為「科技發展方案」八大重點之一後，他認為電腦必是下一波的重要工業產品，但當時（一九七〇年代末期）國內電腦運用還不普遍，他希望能以政府機構帶動，可是行政機構相當缺乏具有電腦經驗的人才，推動起來必將事倍功半，而無法如期完成任務。但李先生了解，國防部早年在美軍協助下成立的「國防管理中心」，利用電腦管理國軍龐大的後勤業務，頗有成效，更重要的是已培訓了大量資訊管理人才。於是李先生商請國防部提供專業人才，會同有關單位組成「行政院電腦化服務團」，隸屬李先生主持的資策會，協助行政機關規劃、建立其業務電腦化作業，同時指示資策會設置電腦教學中心，大量培訓電腦專業人才。並定期向李先生主持的電腦化推動小組報告工作進度，一時之間各機關紛紛成立推動小組，積極推動業務電腦化工作。

「行政院電腦化服務團」成立後，將重點首先放在戶政系統電腦化。但進度甚為緩慢，甚至無法推動，主要因內政部主管戶政系統的戶政司心態保守，反對這項改革。當李先生知道執行遭遇阻力後，就立刻報告院長，建議內政部長更換戶政司主管，進而使戶政系統電腦化如期完成。在全國三百六十五個戶政事務所，兩千餘萬人口的戶政資料全部電腦化之後，非但解決人工時代經常發生身分證號碼重覆、錯誤等問題，也促使資料正確，人民申領有關證件均感便利，各行政機關亦能迅速應用戶政資料，作出正確的施政。

在李先生的積極領導下，政府各機關的業務電腦化，隨之展開，先後完成，因而也帶動國內資訊工業的發展，更重要的是大幅提高了政府行政效率，人力負荷也隨之逐漸減輕。

此外，只要是李先生認為正確的政策，雖不是由他主持，他也會毫不猶豫的全力支持，如前文所述的降低人口增加率，推動B型肝炎防治等工作。

李先生這種做事的方法與決心，值得學習，尤其是他解決事情的態度，遇到困難阻力想辦法全力克服的精神，特別值得敬佩。多年來與李先生共事的同仁，都認為他是一個火車頭，永遠帶領大家向前推進。

（四）尊重人才、培養人才、發掘人才、重用人才

李先生一貫最重視人才，且尊重人才，他不僅在工作崗位上，隨時訓練、培養人才，且建立制度持續選送優秀同仁出國深造，同時又建議教育部擴大技術人才培育計畫、提高理工、醫學系學生比例，以及增設碩、博士班，並在他服務單位的能力範圍內支援各大學增設研究中心，培育高級人才，提高科技研究水準。及至由李先生所規劃的「加強培育及延攬高級科技人才方案」通過後，在他主持下一個月內就完成了所有執行細節計畫，並積極推動。

李先生每次出國開會、考察，也不忘順便致力人才的發掘網羅。多位旅居國外的我國專家，都是因與李先生一席談話或因他的熱誠邀請，而放棄國外高薪，返國服務。如有「半導體教父」之稱的張忠謀、有「自動化之父」之稱的石滋宜，如沒有他倆，台灣半導體產業技術不可能達到國際一流水準，台灣產業自動化也不可能迅速普及；他倆不約而同的說，沒有李國鼎就沒有今天的張忠謀、石滋宜。

李先生用人的先決條件，是看他有無主動積極的精神，有無改革求新的旺盛企圖心。一旦被他任用，獲得完全授權，以充分發揮其才能。因此，他所重用的人，多為一時之選，成為國家的棟樑。

（五）具有跨領域的整合能力

經濟發展所需要的兩大支柱，一是投資（即資本形成），二是人力，兩者都是經濟發展的原動力。此兩者均非經濟發展部門所主管，投資財源主要靠國內儲蓄，可是在開發中國家由於所得低、儲蓄少，不足支應投資需要；為要提高儲蓄需要財政部門採取減稅等激勵措施，鼓勵儲蓄。但在財政部門尤其在國家處於財政赤字狀況下，很難認同，台灣也不例外。

台灣早在民國四十九年（一九六〇年），政府為改善投資環境，由規劃經濟發展機構的美援會祕書長李先生，主持草擬「獎勵投資條例」，美援會同仁為要採取減免稅措施，鼓勵儲蓄，投資與出口，納入「條例」中，徵詢財政部同意，但財政部部長以下官員，以財政赤字嚴重，嚴拒將減免稅納入條例。李先生不得已親自拜訪財政部長嚴家淦，說明減免稅對台灣未來經濟發展的重要性，犧牲短期稅收可加速未來經濟發展，長期稅收自然會隨經濟的加速發展大幅增加。不僅獲得嚴部長的同意，而且嚴部長還表示，當「獎勵投資條例」送請立法院審議時，他會親自出席向立法委員們說明他同意減免稅的理由。因此，「獎勵投資條例」，很快經立法院審查順利通過完成立法程序，公布實施。該條例的落實執行。對嗣後三十多年經濟快速發展，作出極大貢獻。

此一案例，不僅表現李先生跨領域的整合能力，亦顯現嚴家淦部長「犧牲小我，成全大我」的前輩財經首長們的風範，值得敬佩。

人力培育是教育部門主管，為使人力供應能配合「經濟計畫」需要「人力規劃」工作不可或缺，但「人力規劃」非教育部門能力所及。因此，李先生於一九六四年擔任經合會副主任委員時，即在該會成立「人力資源小組」，邀請行政院一位政務委員擔任召集人，同時邀請教育部次長等相關部會副首長擔任委員，開始了人力資源規劃與培育工作，並透過擔任該小組委員的教育部次長，商請教育部支持，調整教育政策，以資配合。因而三十多年來，適時適量提供了經濟發展所需要的適當人力，也支持了經濟的快速成長。

科技研發，更是支撐產業結構轉型升級的必要條件，而科技研發另有主管機關。在許多國家科技研發與產業連結常常脫節，而影響產業結構的調整升級。李先生以其在工業委員會到經濟部服務時推動產業發展的經驗，深深體認到科技研發與產業連結的重要性。當其擔任行政院政務委員及「應用科技研究發展小組」召集人，研擬「科技發展方案」時，除加強科學技術研究發展外，將發展技術密集產業，並列為同等重要地位，促成了有利的科技研發與產業連接的環境，因而科技研發與產業發展，獲得密集結合。這應是台灣能在短時期內能獲得國際讚譽「台灣是高科技產業重鎮」的關鍵所在。

（六）一生都在「圖利他人」，但本人卻廉潔自持

李先生深深體會到國家要自貧窮走上富裕之路，「必先民富，國才能富」的道理，因此，他以扶植民營企業為終生職志。他從政以來，各項施政都將扶植民營企業放在優先地位，每當他發現個別的優秀企業發生困難時，他都會運用他的影響力，協助該企業化解困難渡過難關，而逐漸茁壯成長。

例如台塑集團創辦人王永慶當年開始投資化纖廠，為了節省建廠成本，全廠生產設備是分別向全世界著名廠商，以品質最好、價格又適當者購買；但在整廠裝備完成後，卻無法順利開工生產。由於是分別採購而非整廠採購，出售廠商均不負責。當李先生獲知此事後，立即指派當時任職美援會技術處長的一位化工專家，率同中油公司的數位高級技術人員前往支援，評估問題所在，提出改進方法，直到圓滿完成任務。

李先生的此種作風，並非獨惠於台塑，而是對所有的創新廠商都一視同仁。類似情況甚多，此處，僅以傳統產業的環球水泥公司創辦人吳尊賢及高科技產業的宏碁電腦公司創辦人施振榮兩人的親身說法做代表。吳尊賢說：

本人託天之福，在數十年的工商生涯中，一再得到國鼎先生的熱誠協助，事業推展順利，至今點滴在心頭。

施振榮更坦白的說：

宏碁與李資政非親非故，他對我們的勗勉與照顧，完全發自內心，不求回報。而李資政對於有志於創業的廠商，都一視同仁，盡力協助克服困難，因此能夠贏得業界由衷的敬佩，成為眾所肯定的高科技產業之父。

李先生自己也說：「我不怕人家說我圖利他人，因我一輩子都在圖利他人啊！」李先生能這樣自負的說，因他生活簡樸，操守廉潔、公私分明，一切都為國為民，絕不謀個人私利。

無私利他、謙沖為國的情操，令人感念

李國鼎先生對國家各方面建設的貢獻廣為各界所推崇，更令人欽佩的應是他的愛國情操、公正無私與廉潔操守。他口中從未說「愛台灣」，但他的一切施政與行為都是「為台灣」。他從政以來所推動的各項改革、政策與建設，以及延攬人才，都是以國家利益為出發點，毫無私心，尤其值得現代官員效法。

李先生過世後，政府將其故居列為古蹟，整修完畢於民國九十九年（二〇

一〇年）五月三十一日對外開放，供人參觀。這才發覺歷任財、經部長，政務委員及總統府資政的李先生，官位不能說不高，但他的居所，不僅只是日式平房，屋內陳設簡單，而且陳舊，他書房的座椅損壞後，居然用粗麻繩綁住繼續使用。李先生一生都在「圖利他人」，幫著大家富起來，過優渥的生活，但他自己仍然過著最簡樸的生活，甘之如飴，毫無怨言。

李先生的潔身自愛、奉公守法、公忠體國，絕不貪非分之財的精神，是那個時代的財經首長們，包括嚴家淦、尹仲容、孫運璿、俞國華及趙耀東等的共通點。而他們都成長於戰亂之中，顛沛流離、歷經苦難，深知國家富強與安定的重要，都具有無私無我、犧牲奉獻的使命感。台灣在過去的四十年間，由於他們獨到的遠見與堅毅的領導，再加上全民的共同努力，才能創造台灣「經濟奇蹟」與亞洲「四小龍之首」的佳績。

近二十年來，台灣雖歷經亞洲金融風爆、網路泡沫破滅、金融大海嘯，以及國內政治紛擾及天災等的衝擊，但台灣經濟仍照常運轉，人民生活照常維持，可見中華民國在台灣前四十年李國鼎這一代財經首長們，所奠定的基礎如何的堅實與深厚。但台灣經濟未來要更上一層樓，必須效法李國鼎等早期財經首長們的精神，提出具體可行的願景方案，凝聚國人共識，團結一致，共同努力，並拿出強勁有效的執行力，確實落實執行，才大有可為。

二〇一一年二月一日

第二十章

「不住相」布施的政壇典範——

孫運璿

孫運璿／孫運璿學術基金會

文｜朱敬一｜中央研究院院士

朱敬一提供

孫運璿先生雖然在世時官拜閣揆，但任期也只有六年，……像這樣相對短暫地於威權時期擁有片面權力，卻能對台灣局勢發揮重大影響，是相當罕見的。我認為，孫運璿先生能發揮重大影響、堪稱台灣典範政治人物的關鍵原因，就在於「不住相」這三個字。

前行政院長孫運璿生於民國二年（一九一三年），卒於民國九十五年（二〇〇六年），以總統府資政的官銜辭世。在孫資政辭世時，國內所有的媒體都對其一生功業與品尚極為推崇，也都公認孫先生是台灣經濟發展過程裡一位極具貢獻的人物。若是與最近十餘年台灣政策與政客對照比較，則孫先生的事業功績就顯得格外鮮明，益發令人感到他是值得推崇的典範。

要在一個國家百年歷史中成為足堪記述的最重要二十位人物之一，其實是非常不容易的。孫運璿先生雖然在世時官拜閣揆，但任期也只有六年，再加上先前九年多經濟部長的經歷，能對台灣發揮影響的期間，相較於動輒掌權十餘年的政治強人，並不算太長。此外，孫先生任閣員、閣揆期間台灣尚處於戒嚴期，真正掌握最後權力的人並不是孫先生。像這樣相對短暫地於威權時期擁有片面權力，卻能對台灣局勢發揮重大影響，是相當罕見的。我認為，孫運璿先生能發揮重大影響、堪稱台灣典範政治人物的關鍵原因，就在於「不住相」這三個字。以下，且讓我從幾個不同的層面予以解說。

政策布局不住相，開創台灣產業契機

孫資政在民國五十八年至六十七年（一九六九年至一九七八年）間任經

濟部長，六十七年至七十三年（一九七八年至一九八四年）間任行政院長，前後主導台灣大約十五年的經濟政策方向，經歷兩次石油危機，但也差不多在當時奠基了台灣經濟轉型的基礎。略為熟悉台灣經濟發展史的人都知道，台灣從早年的農業，逐步進階至食品加工業、紡織業，都還是以輕工業為主軸。但是到了二十世紀末，台灣卻已成為電子資訊產業的大國，而從輕工業到電子精密工業的轉型，就是在孫先生掌握關鍵經濟決策的這十五年間完成。在這幾年當中，孫先生推動成立工研院，發展台灣的ＩＣ產業，直接或間接提攜了史欽泰、曹興誠、張忠謀等ＩＣ產業的關鍵人才，奠定三十年後台灣ＩＣ產業的根基。不但如此，孫資政也對中鋼、核電、石化等重要建設積極投入，闢建新竹科學園區，為台灣的經濟發展扎下了深厚的基礎。

如果要刻畫孫院長對台灣經濟發展的貢獻，我認為「開創台灣產業契機」八個字可堪描繪。所謂開創，是指扎根鋪路的基礎工作，沒有短利近功，只有默默投入，其成效要十幾年、二十幾年後才看得到。所謂契機，是指政府只對產業發展的大環境做基礎投資，而沒有事前圖利特定個人或財團。這兩點都值得進一步衍伸。

在三十年前，發展ＩＣ產業確實是個冒險的投資。大經濟學家熊彼德在近百年前就已指出，此類創新性投資亟需外力的協助，而孫院長所促成的政府規劃支援，正是發展前瞻產業所需要的。孫資政不是神仙，不可能預知未來，當然也無法保證其所推動的產業必然成功。依孫先生家屬記述，除了半導體等ＩＣ產業外，當年他所賣力推動的還包括電動車、食品、化工等產業，但於今看來都不算成功。然而產業發展策略像是國家布局的投資決策，本即充滿不確定性；只要十件推動的大計畫能成功兩、三項，那就是極大的成就。就結果而言，單單一項ＩＣ產業，就能支撐台灣經濟發展至少二十年，堪稱超級金雞母。孫先生這種前瞻性的視野，所作所為注定是要在自己卸任之後才能開花結果卻甘之如飴的心胸，正是堪稱二十世紀台灣政壇典範人物的關鍵。

至於前述不圖利特定個人或財團，孫先生在坊間《孫運璿傳》中有第一人稱的敘述：

> 我有三不，不應酬、不題字、不剪綵。公司老闆請吃飯，我跟他說，有什麼話到我辦公室說。
>
> 到我辦公室來談問題的工商業者，我要求他們談整個業界的問題，不要只談自己公司的問題，業界整個的問題我願意幫忙解決。

這樣弊絕風清的描述，與數十年後若干政府官員拉幫結派、與特定企業人士攀裙繫帶的風氣相比，確實對比鮮明。簡單地說，三十年前孫院長對台灣產業所做的努力，是沒有特定對象的、是只改善環境不輸送利益的、是鼓勵未來創業而非移轉現成資源的。此處所說不為特定對象改善環境的經濟政策，就是前文所提到的「不住相」。

施政不住相，提振台灣創業投資

坊間常有「第一代企業家」與「第二代企業家」的對比描述。這個對比描述恰好與孫資政「不住相提振台灣經濟」的努力相關，就讓我引用其理論，做比照說明。

若干經濟學者曾經將《富比世》雜誌上列名世界千大的富豪分為兩類，其一是第一代的「創業富豪」，其二是第二代的「繼承富豪」。這些經濟學者分析許多國家的序時資料，發現當一個國家「創業富豪」的財富比重愈大，該國經濟成長率愈高；當一國「繼承富豪」的財富比重愈大，則該國經濟成長率愈低。不論學者如何更動經濟變數的選取，上述結果都成立，顯示此假說有相當的韌性，應該能禁得起考驗。上述的統計分析描繪的是個大數法則，當然不影射個別富豪的表現優劣。此外，統計資料也顯示，第一代企業家若突然暴斃，則該公司股票會大跌；但若第二代企業家暴斃，則該公司股票會大漲。這漲跌之間，也反映了社會對兩種企業家的整體評價。

為什麼創業富豪與繼承富豪有這麼大的差別呢？大致原因是這樣的。當一個國家創業富豪的財富很大時，表示該國的政策環境非常有利於創業投資，於是資源往往會走向最有效率的用途，經濟成長率自然就會高。但是，當一個國家的財富大多集中在第二代繼承富豪的手中時，問題就很嚴重了。學者研究指出，主政者在事前往往不知道誰會是成功的第一代企業家，故施政佈局當然就是對事不對人。但是第二代企業家都是繼承現成衣缽，主政者當然看得到誰是大老闆子孫。如果政府施政有利於第二代企業家，則多是對人不對事，是標準的「住相」作為，對國家發展往往沒有好處。

此外，繼承富豪大多是靠第一代創業富豪的庇蔭而發達，不但經營能力未受市場考驗，而且從一代轉向二代的過程中，其經濟勢力往往發展成為家族控股集團。這種控股集團的最大特色，就是靠著一層層對下階公司的持股控制，由最上階的家族成員掌握極大的經濟資源。當控股層次越龐雜時，上層家族的決策影響力絲毫未減，但持股的比例就逐漸稀釋，形成小股東權益與家族利益的重大落差。公司治理的理論告訴我們，當決策者的利益與股東利益不一致時，個別投資行為就難有效率，整體經濟的表現自然也較差。

經濟政策不住相，把餅做大

世界各地的實證資料顯示，過去半個世紀各國的經濟究竟是會向上提升成長或向下沉淪衰退，重要的關鍵就在於經濟環境是否獨厚家族控股集團勢力的擴張、是否不利於潛在創業投資者的發展。前文說到，孫院長時代的經濟政策鼓勵未來創業，卻又沒有特定的鼓勵對象，那正是有利於創業財富累積的政策環境。但是最近十年台灣若干公司併購與控股擴張，一則盲目出售公股及國產給私人財團，二則鼓勵企業（尤其是金融業）以大吃小的合併，三則大幅放寬跨業控股的觸角，無形中皆促成家族控股集團的形成。今昔相比，財經政策之優劣顯而易見。

好的政府施政是把餅做大，但糟糕的政策卻是由政府直接涉入利益分配，由國家將定額的餅分來分去。孫資政的政策開創的是經濟大環境，沒有圖利任何特定人，其結果是社會整體受惠。但是控股集團併來併去、財團家族拚命擴張，玩的是零和遊戲，就只有少數二代富豪能獲利。當政府政策是要直接對已然成形的利益團體做折衝分配時，政治自然也就難以清明。熟悉台灣經濟發展的人都了解，台灣經濟被世人讚美為亞洲奇蹟，一方面固然因為其早年GDP成長迅速，另一方面也是因為台灣在所得增長同時，所得分配也在改善，與諾貝爾獎得主顧志耐（Simon Smith Kuznets）所描繪的世界趨勢相反。攤開台灣的統計資料我們就會發現，台灣GDP成長最快的期間，大約就在民國六十五年至七十年（一九七六年至一九八一年）之間。而所得分配最平均的年代是民國六十九年（一九八〇年），大約也是在孫資政主導台灣經濟政策之時。

我要強調的是，孫資政「不為特定對象」的產業開拓作為，就注定是把社會整體的餅做大的，比較沒有分配正義的顧慮。但是，一旦因二代家族政商關係複雜，因為利益遊說或裙帶包庇而使政策轉向，使政府政策改為注重圖利特定對象的執照特許、金融併購，默許財團以其市場力、政治力、遊說力幫助其經濟權勢日益壯大而穩定，「以財養勢、聚勢斂財」，不但不利於實體經濟成長，也必然不利於所得分配。

待人處事不住相，不黨不私

我曾經詢問孫資政家屬，是什麼樣的力量驅使資政如此賣命地投入工作，不是為自己、而是為台灣開創經濟實力？他們提供了若干猜測，其中我認為最具有說服力的是「國家當年被日本人欺侮的苦難記憶」。對於許多親睹日本當年在中國大陸凌侮欺壓的中國人而言，大概都會興起一股「想盡一己之力，幫助國家強大」的真誠情感。

據了解，孫資政任經濟部長、行政院長後，幾乎已沒有在家吃飯的時間，每天都有接待不完的客人，而其中又以方賢齊、王兆振、潘文淵、鄒至莊、蔣碩傑等產業與財經政策的建言者為主。孫院長所做的幾項重要施政，就是與他們密集徵詢的結果。孫資政雖非生於台灣，但是既然他所隸屬的國民政府當時設在台灣，他當然也就將這塊土地視為「國家」所應奉獻之所在。這種對土地與國家自然畫上等號的真誠奉獻，大概要到後人硬將土地賦予特定符號意義，才會對一個人數十年前的出生地產生莫名其妙的狐疑。

與孫資政約略同時，但在不同政府部會對台灣經濟做出貢獻的，也包括李國鼎（財政部、經濟部、科技顧問組）、蔣彥士（農委會）等人。他們也都有相似的抗日背景，也都期待能為台灣這土地做出貢獻。但是孫資政相較於其他同輩政府官員，卻有一點更令人尊敬之處。孫資政不但在經濟政策上不造福特定對象、不針對特定企業，他在政壇更以「沒有班底」著稱。我與許多資深媒體朋友查詢，這樣「不群不黨」的政治人物在台灣堪稱異數。資深記者對於每一位政壇耆宿，都能輕易唸出一兩個名字，說這是「×××的人」；唯獨對孫運璿先生，沒人講得出一位「孫系人馬」。

所有與孫資政有所接觸的人均指出，他有難以言喻的個人魅力。一位中研院老院士告訴我，他與許多位行政院長都單獨談過話，有人聰明、有人軒昂、有人不耐，唯有孫運璿先生，與他交談時他凝神專注聆聽，非常誠懇；「說完以後我就真心想為他賣命」。其實，大官們通常忙碌異常，他們的不耐煩或不願躬親細節，呈現的正是他們對大小事情的主觀強烈意志。孫資政對所有人談話所表現的誠懇，卻反映出他開拓客觀可能性、壓抑主觀期待的一種胸襟。我認為，這也是一種待人處事的「不住相」。

正因為孫資政在政策上不私、在官場上不黨，所以在他卸任之後，處境其實並不寬裕。孫家人告訴我，孫資政沒有一棟自己的房子，當年也不准孫老夫人買房子，數十年所住皆為官舍。當其他官舍宿舍改建時，不知道多少中階公務人員可以分配或購得一戶，但孫資政卻無暇於此。迄今，孫老夫人所住公寓及照護所需部分費用，還是由熱心企業家贊助支付。孫資政這樣為國付出、這樣清廉自持，在數十年後的今天，恐怕是難尋第二人了。

求仁得仁，福德不可思量

最後，我卻要用自己熟悉的譬喻，來總括孫資政對台灣所代表的意義。美國總統威爾遜曾說過，國家不能把前途交給少數人，而國家的財富也不該操之於少數幾個大企業家之手。相反的，國家財富應該繫於「未知對象」的創新、創意與企圖。事實上，每個國家都是靠「未知對象」更新進步，而不是靠已然知名、已然有權勢者。威爾遜的名言，對比的正是台灣三十年來經濟政策的轉變。三十年前，孫院長的經濟政策正是在發掘、培養那些未知的、有潛力的企業家。三十年後，我們都在享受當年政策的成果。如今，我們緬懷典型在夙昔的孫院長，但也不禁憂心已然有權勢財團家族的勢力擴張，與台灣社會所得分配的惡化。

孫運璿先生是一位不住相的政治人物，這是我對他印象最深刻的掌握與描繪。「不住相布施，其福德不可思量」出自佛教經典《金剛經》，意示不為特定目的而做善事的，其福報最大。孫資政所做所為的福報，都由我們這一代的年輕台灣人所承襲享受，其家人僅是間接庇蔭受惠，但相信此為孫資政求仁得仁的心願。這是他令人緬懷之處，更是他受人尊敬景仰的原因。不住相布施，斯之謂也！

二〇一一年二月二十二日，記於中華經濟研究院

國家圖書館出版品預行編目資料

百年仰望：20位名人心目中的民國人物／黃克武等著；張作錦, 高希均, 王力行主編. -- 第一版. -- 台北市：天下遠見, 2011.03
面； 公分. --（社會人文；313）

ISBN 978-986-216-721-2（平裝）

1. 臺灣傳記 2. 中華民國

782.18 100004281

社會人文 313A

百年仰望

20位名人心目中的民國人物

作　者／黃克武、林文月、蕭啟慶、王壽南、周質平、黃達夫、丁邦新、
郭岱君、薛化元、邵玉銘、胡為真、張祖詒、黃天才、曾志朗、
丘宏義、江才健、高希均、許倬雲、葉萬安、朱敬一
編　者／張作錦、高希均、王力行
照片提供／黃克武、蕭啟慶、王壽南、周質平、丁邦新、郭岱君、薛化元、
邵玉銘、胡為真、張祖詒、黃天才、曾志朗、丘宏義、江才健、
許倬雲、葉萬安、朱敬一、高稚偉、達志影像、連震東先生文教
基金會、九歌出版社、聯合報系、大眾教育基金會、遠見雜誌、
佛光山寺法堂書記室、孫運璿學術基金會、維基百科
資深行政副總編輯／吳佩穎
責任編輯／潘慧嫻
封面設計・美術設計／Hong（特約）

出版者／遠見天下文化出版股份有限公司
創辦人／高希均・王力行
遠見・天下文化・事業群　董事長／高希均
事業群發行人／CEO／王力行
天下文化社長／總經理／林天來
國際事務開發部兼版權中心總監／潘欣
法律顧問／理律法律事務所陳長文律師　　著作權顧問／魏啟翔律師
社　址／台北市104松江路93巷1號2樓
讀者服務專線／(02)2662-0012
傳　真／(02)2662-0007；2662-0009
電子信箱／cwpc@cwgv.com.tw
直接郵撥帳號／1326703-6號　遠見天下文化出版股份有限公司

電腦排版／立全電腦印前排版有限公司
製版廠／東豪印刷事業有限公司
印刷廠／祥峰印刷事業有限公司
裝訂廠／中原造像股份有限公司
登記證／局版台業字第2517號
總經銷／大和書報圖書股份有限公司　電話／(02)8990-2588
出版日期／2011年3月30日第一版
2019年11月18日第二版第1次印行

定價／500元
4713510946565
書號：BGB313A
天下文化官網　bookzone.cwgv.com.tw

天下文化

BELIEVE IN READING